KB082768

소피스트

정암고전총서 플라톤 전집

소피스트

플라톤

이창우 옮김

아카넷

정암고전총서는 윤독의 과정을 거쳐 책을 펴냅니다.
아래의 정암학당 연구원들이 『소피스트』 원고를 함께 읽고
번역에 도움을 주셨습니다.
김주일, 강성훈, 이기백

'정암고전총서'를 펴내며

그리스·로마 고전은 서양 지성사의 뿌리이며 지혜의 보고이다. 그러나 이를 우리말로 직접 읽고 검토할 수 있는 원전 번역은 여전히 드물다. 이런 탓에 우리는 서양 사람들의 해석을 수동적으로 수용하는 처지를 완전히 극복하지 못하고 있다. 사상의 수입은 있지만 우리 자신의 사유는 결여된 불균형의 문제를 안고 있는 것이다. 이런 상황은 우리의 삶과 현실을 서양의 문화유산과 연관 지어 사색하고자 할 때 특히 심각한 문제를 야기한다. 우리 자신이 부닥친 문제를 자기 사유 없이 남의 사유를 통해 이해하거나 해결하는 것은 거의 불가능하기 때문이다. 우리의 문제에 대한 인문학적 대안들이 때로는 현실을 적확하게 꼬집지 못하는 공허한 메아리로 들리는 것도 그런 이유 때문일 것이다.

한 공동체에서 살아가는 사람들이 자신들의 생각과 말을 나누며 함께 고민하는 문제와 만날 때 인문학은 진정한 울림이 있는 메아리가 될 수 있다. 이것은 우리가 우리의 현실을 함께 고민하는 문제의식을 공유함으로써 가능하겠지만, 그조차도 함께 사유할 수 있는 텍스트가 없다면 요원한 일일 것이다. 사유를 공유할 텍스트가 없을 때는 앎과 말과 함이 분열될 위험에 노출될 수 있기 때문이다. 이런 점에서 진정한 인문학적 탐색은 삶의 현실이라는 텍스트, 그리고 생각을 나눌 수 있는 문헌 텍스트와 만나는 이중의 노력에 의해 가능할 것이다.

현재 한국의 인문학적 상황은 기묘한 이중성을 보이고 있다. 대학 강단의 인문학은 시들어 가고 있는 반면 대중 사회의 인문학은 뜨거운 열풍이 불어 마치 중흥기를 맞이한 듯하다. 그러나 현재의 대중 인문학은 비판적으로 사유하는 인문학이 되지 못하고 자신의 삶을 합리화하는 도구로 전락하는 경향이 없지 않다. 사유 없는 인문학은 대중의 욕망을 충족시키기 위해 소비되는 상품에 지나지 않는다. '정암고전총서' 기획은 이와 같은 한계상황을 극복할 수 있는 기본적인 토대를 마련하고자 하는 절실한 문제의식에서 시작되었다.

정암학당은 철학과 문학을 아우르는 서양 고전 문헌의 연구와 번역을 목표로 2000년 임의 학술 단체로 출범하였다. 그리고 그 첫 열매로 서양 고전 철학의 시원이라 할 『소크라테스 이전 철학자들의 단편 선집』을 2005년도에 펴냈다. 2008년에는 비영리 공익법인의 자격을 갖는 공적인 학술 단체의 면모를 갖추고 플라톤 원전 번역을 완결할 목표 아래 지금까지 20여 종에 이르는 플라톤 번역서를 내놓고 있다. 이제 '플라톤 전집' 완간을 눈앞에 두고 있는 시점에 정암학당은 지금까지의 시행착오를 밑거름 삼아 그리스 · 로마의 문사철 고전 문헌을 우리말로 옮기는 고전 번역 운동을 본격적으로 펼치려 한다.

정암학당의 번역 작업은 철저한 연구에 기반한 번역이 되도록 하기 위해 처음부터 공동 독회와 토론을 통해 이루어진다. 번역 초고를 여러 번에 걸쳐 교열 · 비평하는 공동 독회 세미나를 수행하여 이를 기초로 옮긴이가 최종 수정하는 방식으로 진행된다. 이같이 공동 독회를 통해 번역서를 출간하는 방식은 서양에서도 유래를 찾기 어려운 번역 시스템이다. 공동 독회를 통한 번역은 매우 더디고 고통스러운 작업이지만, 우리는 이 같은 체계적인 비평의 과정을 거칠 때 믿고 읽을 수 있는 텍스트가 탄생할 수 있다고 확신한다. 이런 번역 시스템 때문에 모든 '정암고전총서'에는 공동 윤독자를 병기하기로 한다. 그러나 윤독자들의 비판을 수용할지 여부는 결국 옮긴이가 결정한다는 점에서 번역의 최종 책임은 어디까지나 옮긴이에게 있다. 따라서 공동 윤독에 의한 비판의 과정을 거치되 옮긴이들의 창조적 연구 역량이 자유롭게 발휘될 수 있도록 노력하였다.

정암학당은 앞으로 세부 전공 연구자들이 각각의 연구팀을 이루어 연구와 번역을 병행함으로써 아리스토텔레스 철학 원전, 키케로 전집, 헬레니즘 선집 등의 번역본을 출간할 계획이다. 그리고 이렇게 출간될 번역본에 대한 대중 강연을 마련하여 시민들과 함께 호흡할 수 있는 장을 열어 나갈 것이다. 공익법인인 정암학당은 전적으로 회원들의 후원으로 유지된다는 점에서 '정암고전총서'는 연구자들의 의지뿐만 아니라 시민들의 소중한 뜻이 모여 세상 밖에 나올 수 있는 셈이다. 이런 점에서 '정암고전총서'가 일종의 고전 번역 운동으로 자리매김되길 기대한다.

'정암고전총서'를 시작하는 이 시점에 두려운 마음이 없지 않으나, 이런 노력이 서양 고전 연구의 디딤돌이 될 것이라는 희망, 그리고 새로운 독자들과 만나 새로운 사유의 향연이 펼쳐질 수 있으리라는 기대감 또한 적지 않다. 어려운 출판 여건에도 '정암고전총서' 출간의 큰 결단을 내린 아카넷 김정호 대표에게 경의와 감사의 뜻을 전한다. 끝으로 정암학당의 기틀을 마련했을 뿐만 아니라 앎과 실천이 일치된 삶의 본을 보여 주신 이정호 선생님께 존경의 마음을 표한다. 그 큰 뜻이 이어질 수 있도록 앞으로도 치열한 연구와 좋은 번역을 내놓는 노력을 다할 것이다.

2018년 11월

정암학당 연구자 일동

'정암학당 플라톤 전집'을 새롭게 펴내며

플라톤의 사상과 철학은 서양 사상의 뿌리이자 서양 문화가 이루어 온 지적 성취들의 모태가 되었다는 점에서 큰 의미를 지니고 있다. 특히 그의 작품들 대부분은 풍성하고도 심오한 철학적 문제의식을 담고 있을 뿐만 아니라 생동감 넘치는 대화 형식으로 쓰여 있어서, 오늘날까지 많은 사람이 최고의 철학 고전이자 문학사에 길이 남을 걸작으로 손꼽고 있다. 화이트헤드는 '유럽철학의 전통은 플라톤에 대한 일련의 각주'라고까지 하지 않았던가.

정암학당은 플라톤의 작품 전체를 우리말로 공유할 수 있도록 하자는 취지에서 뜻있는 학자들이 모여 2000년에 문을 열었다. 그 이래로 플라톤의 작품들을 함께 읽고 번역하는 데 매달려 왔다. 정암학당의 연구자들은 애초부터 공동 탐구의 작업 방식을 취해 왔으며, 이에 따라 공동 독회와 토론을 통해 텍스트를 이해하는 노력을 기울여 왔고, 초고를 여러 번에 걸쳐 교열 · 비평하는 수고 또한 마다하지 않았다. 2007년에 『뤼시스』를 비롯한 3종의 번역서를 낸 이후 지금까지 출간된 정암학당 플라톤 번역서들은 모두 이 같은 작업 방식으로 이루어진 성과물들이다.

정암학당의 이러한 작업 방식 때문에 번역 텍스트를 출간하는데 출판사 쪽의 애로가 없지 않았다. 그동안 출판을 맡아 준 이제이북스는 어려운 여건에서도 플라톤 전집 출간의 의미를 이해하고 전집 출간 사업에 동참하여 많은 노력을 기울여주었다. 그 결과 2007년부터 2018년까지 20여 종의 플라톤 전집 번역서가 출간되었다. 그러나 최근 이제이북스의 여러 사정으로 인해 전집 출간을 마무리하기가 어려워졌다. 정암학당은 플라톤 전집 출간을 이제이북스와 완결하지 못하게 된 것에 대해 아쉬움을 표하는 동시에 그 동안의 노고에 고마움을 전한다.

정암학당은 이 기회에 플라톤 전집의 번역과 출간 체계를 전반적으로 정비하기로 했고, 이런 취지에서 '정암학당 플라톤 전집'을 '정암고전총서'에 포함시켜 아카넷 출판사를 통해 출간할 것이다. 아카넷은 정암학당이라는 학술 공간의 의미를 이해하고 '정암학당 플라톤 전집' 출간의 가치를 공감해주었다. 여러 가지 측면에서 많은 어려움이 있었음에도 어려운 결단을 내린 아카넷 출판사에 감사를 표한다.

정암학당은 기존에 출간한 20여 종의 번역 텍스트를 '정암고전총서'에 편입시켜 앞으로 2년 동안 순차적으로 이전 출간할 예정이다. 그러나 이런 작업이 짧은 시간에 추진되었기 때문에 번역자들에게 전면적인 수정을 할 시간적 여유가 주어지지는 않았다. 따라서 아카넷 출판사로 이전 출간하는 플라톤 전집은 일부의 내용을 보완하고 오식을 수정하는 선에서 새로운 판형과 조판으로 출간한다. 이 점에 대해서는 독자들께 양해를 구한다. 정암학당은 출판사를 옮겨 출간하는 작업을 진행하는 동시에, 플라톤 전집 중 남아 있는 텍스트들에 대한 번역본 출간 시기도 앞당길 수 있도록 노력할 것이다. 그리하여 오랜 공동 연구의 결실인 '정암학당 플라톤 전집' 전체를 독자들이 조만간 음미할 수 있도록 최선을 다할 것이다.

끝으로 정암학당의 기반을 마련해 주신 고 정암(鼎巖) 이종건(李鍾健) 선생을 추모하며, 새 출판사에서 플라톤 전집을 완간하는 일에 박차를 가할 것을 다짐한다.

2019년 6월

정암학당 연구자 일동

차례

작품 내용 구분

1. 도입부(216a~218b)
2. 분할 연습(낚시꾼 추적)(218b~221c)
3. 획득 기술로서의 소피스트(221c~226a)
4. 분리 기술로서의 소피스트(226a~231b)
5. 반박하는 논쟁 기술과 모상(231b~236d)
6. 있지 않음과 파르메니데스(236d~242b)
7. 있음에 관한 주장들(242b~252c)
8. 형상들의 결합(252c~259d)
9. 생각과 말 그리고 거짓(259d~264b)
10. 마지막 분할(264c~268d)

등장인물

테오도로스(Theodoros)

퀴레네 출신의 수학자이다. 플라톤의 대화편들(『테아이테토스』, 『소피스트』, 『정치가』)은 소크라테스의 사망 시점인 기원전 399년에 테오도로스가 아테네에 체류 중인 것으로 묘사하지만 그렇다고 해서 테오도로스가 이 시점에 퀴레네 근거지를 포기했다고 추론할 필요는 없어 보인다. 왜냐하면 디오게네스 라에르티오스(『철학자 열전』 3.6)는 플라톤이 소크라테스의 사망 이후 퀴레네의 수학자 테오도로스를 방문했다고 전하기 때문이다. 테오도로스가 수학자였다는 것은 받아들일 만하지만 그의 수학사적 기여도에 관해서는 확실한 것을 말하기가 어렵다. 오직 플라톤 대화편에서만 그의 수학적 활동에 대한 언급이나 암시가 나오기 때문에, 이 언급이나 암시에 대해 역사적 증거 가치를 그대로 인정하기는 쉽지 않다. 학자들은 프로클로스의 한 보고에 근거하여 그의 출생 연도를 대략 기원전 480~470년 사이로 잡고 있다. 이 계산이 옳다면, 그는 소크라테스보다 최대 11살까지 많다. 아니면 동년배일 수도 있다. 대화편들에서 그는 주된 토론자가 아니라 본격적인 토론을 유도하는 오프닝 대화에 참가하는 자로 나오며, 특히 주된 토론자(『테아이테토스』에서는 테아이테토스, 『소피스트』에서는 엘레아의 손님, 『정치가』에서는 청소년 소크라테스)를 소개 혹은 승인하는 자로 나온다.

소크라테스(Socrates)

아테네 알로페케 구(區, dêmos) 출신. 기원전 469~399년. 『소피스트』의 드라마 시점을 역사적 시점으로 그대로 환치하면 기원전 399년이 되므로, 소크라테스는 『소피스트』에서 그의 사형 재판 이전 마지막 활동을 하고 있지만 『소피스트』 내 그의 역할은 주된 토론자 역할은 아니다. 그는 『소피스트』에서 주된 토론(엘레아 손님—테아이테토스)의 세팅을 만들어주고 옆에서 이 토론을 듣고 있다.

(엘레아의) 손님

등장인물은 맞지만 어떤 드라마적 효과를 위해서 가공된 인물. 『소피스트』와 『정치가』에서 본격적인 토론을 주도하는 자로 설정된다.

테아이테토스(Theaitetos)

『소피스트』와 『테아이테토스』에서는 주된 토론 내 응답자로, 『정치가』에서는 대화에 참가하지는 않고 대화 현장에 있는 자로 나온다. 『테아이테토스』에서 그에 관한 언급들이 많이 나온다. 이 대화편에서(즉 기원전 399년에) 그는 청소년 정도(meirakion)의 나이로 등장하고, 아테네 출신이며, 지적으로 뛰어나고, 성격적으로도 훌륭하며, 외모적으로는 소크라테스를 닮았다. 이 대화편 147d에 따르면 테아이테토스는 무리수에 관한 어떤 이론을 발견한 자로 나온다. 또 프로클로스와 유클리드의 전승에 따르면 그는 정다면체 연구를 한 것으로 보인다. 『테아이테토스』에서 테아이테토스를 긍정적으로 묘사한 만큼 테아이테토스가 아카데미아의 일원이라는 추론을 하기도 한다. 사망 시점은 학자들 사이에 의견이 갈리는데 기원전 391년(대략 24세 전후)으로 잡기도 하고, 기원전 369년(대략 46세 전후)으로 잡기도 한다.

청소년 소크라테스

소크라테스와 동명이인. 『정치가』에서는 주된 토론 내 응답자로, 『테아이테토스』와 『소피스트』에서는 대화에 참가하지는 않고 대화 현장에 있는 자로 나온다. 『소피스트』 218b에서 테아이테토스와 동년배로 묘사된다. 플라톤의 『제11서한』 358d와—만약 이 서한이 위작이 아니라면—그리고 아리스토텔레스 『형이상학』 1036b25의 모호한 보고를 우리가 수용할 수 있다면, 이 소크라테스는 아카데미아의 일원으로 추론할 수도 있겠다.

일러두기

- 번역 기준 판본으로는 버넷(J.Burnet)이 편집한 옥스퍼드 고전 텍스트(OCT) 플라톤 전집 1권(*Sophista Platonis Opera*, vol. 1, 1900)을 사용했다.
- 번역문 좌우측 여백의 표시는 널리 확립된 이른바 '스테파누스'판 쪽수 및 단락 표시이다.
- 찾아보기에 있는 용어들은 본문에서만 뽑았다. 그리스어는 로마자로 표기했다.

소피스트

소피스트

테오도로스, 소크라테스, 손님, 테아이테토스, 청소년 소크라테스

테오도로스 소크라테스여, 우리가 여기에 온 것은 어제 약속[1]을 216a
제대로 지키기 위한 것입니다. 게다가 우리는 여기 한 손님을 데
려왔습니다. 그는 엘레아 출신으로, 파르메니데스와 제논의 동
료 중 한 사람이며, 대단히 철학적인 사람입니다.
소크라테스 테오도로스여, 호메로스의 말처럼, 당신은 당신 자신
도 모르게 어떤 손님이 아니라 어떤 신을 데려왔구려. 호메로스
는, 정의로운 수치심을 공유하는 인간들에게는 다른 신들도 동 b
반자가 되지만 특히 낯선 자를 보호하는[2] 신이 그런 인간들의 동
반자가 된다고 말하고 있지요.[3] 이 신들은 인간의 오만한 혹은
질서 있는 행동을 지켜보기 위해 동반자로 옵니다. 그래서 아마
도 이와 마찬가지로 당신이 동반하고 있는 여기 이 사람은 우리
보다 우월한 어떤 자로서 왔을 겁니다. 우리를 지켜보고 우리를
논박하기 위해서, 그러니까 논박의 신으로서 말입니다. 우리는

토론에 있어서 약하니까 말입니다.

테오도로스 소크라테스여, 이 친구의 마음가짐은 그런 게 아닙니다. 이 사람은 말싸움에 몰두하는 사람들보다 겸손합니다. 이 사
c 람은 나에게 결코 신으로 보이지 않습니다. 그렇지만 신적인 것은 사실입니다. 사실 나는 모든 철학자들을 그렇게 부르니까요.

소크라테스 잘 말씀하셨소, 친구여. 이를테면, 이런 종족은 식별하기가 신의 종족보다 더 쉽지 않은 것 같습니다. 왜냐하면 이런 사람들은 다른 사람들의 무지로 인해서 각양각색의 모습으로 나타나 "도시와 도시를 돌아다니기"[4] 때문입니다. 나는 가짜가 아니라 진짜 철학자를 말합니다. 높은 곳에서 아래의 삶을 내려다보는 철학자들 말입니다. 이 사람들은 어떤 자들에게는 가치가 전혀 없는 사람들로, 어떤 자들에게는 아주 가치가 많은 사람들
d 로 여겨집니다. 이 사람들은 때로는 정치가의 모습으로, 때로는 소피스트의 모습으로 나타납니다. 그리고 때로는 이 사람들은 어떤 사람들에게 자신들이 완전히 미쳤다는 인상을 주기도 합니
217a 다. 그렇지만 여기 우리의 손님이 괜찮다면 그에게 기꺼이 묻고 싶습니다. 그곳 사람들은 이런 것들에 대해 어떻게 생각하고 어떻게 부르는지 말입니다.

테오도로스 무엇을 말씀하시는지요?

소크라테스 소피스트, 정치가, 철학자 말입니다.[5]

테오도로스 특별히 무슨 어려움이 있기에 그리고 이것들에 관한

어떤 종류의 어려움 때문에 당신은 이를 물어보려고 했나요?

소크라테스 이런 것입니다. 그들은 이 모든 것들을 한 종류로 아니면 두 종류로 생각했는지, 아니면 그 이름이 셋이듯이 종류도 셋으로 구분하여 각 이름에 종류를 하나씩 붙였는지?

테오도로스 내가 생각하기에, 이 사람은 이런 것들을 살펴보는 데 전혀 인색하지 않습니다. 친구여, 그렇지 않습니까?

손님 그렇습니다, 테오도로스. 나는 그런 데에 전혀 인색하지 않 b
습니다.[6] 그리고 그들은 그것을 세 가지 종류로 생각한다고 어렵
지 않게 말할 수 있습니다. 그렇지만 그것들 각각이 정확히 무엇
인지를 정의하는 것은 결코 작은 일도, 쉬운 일도 아닙니다.

테오도로스 소크라테스여, 우리가 여기에 오기 전 우리가 그에게 질문하게 되었던 것과 비슷한 종류의 질문을 당신은 우연하게도 붙잡았군요. 그가 지금 당신에게 제기하고 있는 똑같은 변명의 주장을 그는 그때에도 우리에게 했습니다. 그렇지만 그 문제에 관해 충분히 들어서 배웠고 잊어버리지 않았다고 그가 말을 합니다.

소크라테스 친구여, 우리가 물어본 이 첫 번째 부탁을 거절하지 c
마십시오. 대신 단지 다음에 대해서 우리에게 말해 주십시오. 어
떤 것이 더 선호되는 익숙한 방식입니까? 당신 자신이 긴말을 다
해 나가면서 분명히 보여 주고 싶은 점을 말하는 방법입니까, 아
니면 질문을 통한 방법입니까? 질문을 통한 방법이란, 내가 아

직 젊었고 파르메니데스가 아주 노인이었을 때[7] 내가 같이 있는 자리에서 파르메니데스가 사용하여 아주 아름다운 논증을 펼쳤던, 그런 방법을 말합니다.

d 손님 같이 대화하는 사람이 애먹이지 않는 그리고 부드러운 사람이라면, 다른 사람과 같이 살펴보는 것이 보다 쉽겠죠. 그러나 그렇지 않다면 혼자 하는 것이 더 쉽습니다.

소크라테스 그럼 이제, 여기 있는 사람들 중 당신이 원하는 사람을 누구든지 선택할 수 있습니다. 우리 모두는 당신의 말을 유순히 따를 것입니다. 그러나 나는 당신에게 충고를 하고자 합니다. 젊은이들 중 한 사람, 그러니까 여기에 있는 테아이테토스를 선택하십시오. 혹은 당신 마음에 드는 다른 한 사람을 선택하십시오.

손님 소크라테스여, 내가 당신들을 처음 만났음에도 이 만남을 짧은 말과 말의 대화로 진행하는 대신에, 긴말을 마치 과시적 연설을 하듯이 나 혼자서 혹은 심지어 다른 이 앞에 늘어놓으려 하
e 자니[8] 어떤 수치를 느낍니다. 사실 언급된 그 문제는, 그런 짧은 질문을 받은 자가 기대할 수 있을 만큼 짧지가 않고 아주 긴 논의를 필요로 합니다. 그렇지만 특별히 당신이 그렇게 말을 했음에도 불구하고,[9] 당신과 여기 이 사람들의 부탁에 응하지 않는다는 것은 내가 볼 때 낯선 자에 대한 불친절한, 거친 태도입니다. 테아이테토스로 말할 것 같으면, 나는 그를 대화 상대자로 기꺼
218a 이 받아들입니다. 나 자신이 전에 그와 대화를 해 보았고, 또 당

신이 지금 그를 나한테 추천하기 때문입니다.

테아이테토스 그렇게 하시지요, 손님. 그렇게 하면 소크라테스가 말한 대로 여기 있는 모든 사람들을 기쁘게 하게 될 겁니다.

손님 테아이테토스여, 그 점에 대해서는 더 이상 해야 할 말이 필요 없을 듯합니다. 이제부터 내 말은 당신을 상대자로 해서 진행될 것입니다. 당신이 논의의 길이 때문에 버거워한다면, 나를 탓할 것이 아니라 여기에 있는 당신의 동료들을 탓하십시오.

테아이테토스 내 생각에 내가 지금 바로 지쳐 포기할 것 같지는 b
않습니다. 만일 그런 일이 일어난다면, 여기에 있는 소크라테스
를 끼웁시다. 이 사람은 소크라테스와 동명인이지만 나와 동년
배로서 나와 같이 운동을 하는 사람이며, 많은 사안에 있어서 나
와 같이 힘들게 일을 하는 데 익숙해져 있는 사람입니다.[10]

손님 좋습니다. 그 점에 관해서는 논의가 진행됨에 따라 스스로
생각해 보기 바랍니다. 이제 나와 같이 탐구를 시작하되, 내 생
각에 따라 우선 소피스트부터 시작합시다. 당신은 소피스트를
찾아야 하고 그게 무엇인지 말로 분명히 보여 줘야 합니다. 왜냐 c
하면 지금 소피스트에 관해서 당신과 내가 함께 공유하고 있는
것은 오직 이름뿐입니다. 그렇지만 우리가 같은 이름으로 부르
는 그 일을, 우리 각자는 아마 자신의 마음속에서 개별적으로 생
각할 것입니다. 항상 모든 사안에 있어서 토론[11] 없이 이름에 관
해서만 합의하는 것보다는, 토론을 통해 사태 자체에 관해 합의

를 해야 합니다. 지금 우리가 찾으려고 의도하는 이 종족, 즉 소피스트가 무엇인지를 포착한다는 것은 다른 것보다 쉽지 않습니다.
d 다. 그렇지만 큰일이 훌륭히 수행되어야 한다면, 큰일 자체를 시도하기 전에 우선 작고 쉬운 일에서 연습을 해 보아야 한다는 것이 오래전부터 모든 이가 가졌던 생각입니다. 그래서 이제, 테아이테토스여, 나는 우리 두 사람에게 이렇게 권고합니다. 즉 소피스트라는 종류는 어렵고 잡기가 힘들다고 우리가 생각하므로, 소피스트에 관한 탐구 방법을 보다 쉬운 다른 어떤 것에서 먼저 연습을 해 보는 것입니다. 당신이 어딘가에서 보다 쉬운 다른 길을 제안할 수 없다면 말입니다.

테아이테토스 제가 제안할 다른 길은 없습니다.

손님 그럼 우리가 사소한 어떤 것을 쫓아 이것을 큰 것의 본보기로 세우도록 시도해 볼까요?

e 테아이테토스 네.

손님 그럼 무엇을 앞에 세울 수 있을까요? 쉽게 알 수 있고 작은, 그러면서도 큰 것이 가지는 것보다 결코 작지 않은 설명을 가지는 그런 것이 있나요? 예컨대 낚시꾼은 어떤가요? 낚시꾼은 모든 사람이 알고 있으면서도 진지한 관심의 대상이 아니지 않나요?

테아이테토스 그렇습니다.

219a 손님 낚시꾼은 탐구 방법과 우리 목적에 부적절하지 않은 설명을 우리에게 제공하기를 나는 희망합니다.

테아이테토스 좋습니다.

손님 자, 이렇게 시작해 봅시다. 내게 말해 주십시오. 소피스트를 기술자로 놓을까요, 아니면 기술이 없는, 그러나 다른 능력을 갖고 있는 사람으로 놓을까요?

테아이테토스 기술이 없는 자가 아닙니다.

손님 모든 기술에는 두 가지 종류가 있습니다.

테아이테토스 어떻게요?

손님 농사, 모든 가사적인 신체에 대한 모든 돌봄의 기술, 우리가 인공적인 것이라 부르는, 합성적이면서 주조되는 것에 관련되는 기술, 모방술, 이 모든 것은 정당하게 하나의 이름으로 부를 수가 있습니다. b

테아이테토스 어떤 이름으로 그리고 어떻게 말입니까?

손님 처음에는 존재하지 않았지만 나중에 존재하도록[12] 어떤 이가 야기하는 모든 것에 관련해서, 존재하도록 야기하는 자는 그것을 "만든다."라고, 야기되는 것은 "만들어진다."라고 우리는 말합니다.

테아이테토스 맞습니다.

손님 우리가 방금 열거한 모든 기술들은 자신들의 힘을 바로 이 점에 갖고 있습니다.

테아이테토스 그렇습니다.

손님 그럼 그것들을 모두 하나로 아울러서 "만드는 기술"이라고 부릅시다.

c 테아이테토스 그러시죠.

손님 그 다음으로, 배움과 앎을 얻게 되는 종류 전체가 있고, 여기에는 또한 돈 버는 기술, 싸움 기술, 사냥 기술도 들어갑니다. 이것들 중 그 어떤 것도 무엇을 생산하지는 않고, 이미 존재하거나 생성된 것을 말과 행위에 의해 예속하기도 하고 또는 예속하려는 것에 저항하기도 합니다. 그래서 이 모든 부분들 때문에 이 종류는 아주 적절하게 "획득 기술"이라고 부를 수 있을 겁니다.

테아이테토스 네. 적절하겠군요.

d 손님 모든 기술이 획득 기술이거나 만드는 기술이므로, 테아이테토스여, 우리는 낚시 기술을 이 둘 중 어디에 놓아야 할까요?

테아이테토스 분명히 획득 기술입니다.

손님 획득술에는 두 가지 종류가 있지 않습니까? 한 가지 종류는, 선물이나 임금이나 구매를 통해 상호 간에 자발적으로 이루어지는 교환입니다. 나머지 하나는, 행동이나 말을 통해 전체를 예속하려는 모든 것인데, 이는 예속의 기술이 됩니다.

테아이테토스 하신 말씀에 따르면 그렇게 되는 것 같습니다.

손님 다음은 어떻습니까? 예속의 기술을 둘로 잘라야 하지 않나요?

테아이테토스 어떻게요?

손님 그것 중 공공연히 하는 부분 전체는 경쟁 기술로, 은밀히 하는 모든 부분은 사냥술로 놓는 것입니다.

테아이테토스 네. e

손님 그런데 사냥술을 둘로 자르지 않는 것은 이치에 맞지 않을 겁니다.

테아이테토스 어떻게 자를지 말하시죠.

손님 살아 있지 않은 종에 대한 사냥과 살아 있는 종에 대한 사냥을 나누는 것입니다.

테아이테토스 왜 그렇지 않겠습니까? 두 가지가 있다면 말입니다.

손님 확실히 두 가지가 있죠. 그리고 영혼이 없는 것에 대한 사냥 220a
은 잠수(潛水) 기술의 몇몇 부분들과 그와 같은 다른 사소한 기술
들을 제외하고서는 이름이 없는 것인데, 이런 사냥은 우리가 한
쪽으로 치워 놓아야 합니다. 대신 다른 부분, 즉 영혼이 있는 동
물에 대한 사냥[13]은 '동물 사냥 기술'이라고 불러야 합니다.

테아이테토스 그러시죠.

손님 동물 사냥 기술은 두 가지 종류라고 말해야 마땅하지 않겠습니까? 하나는 육지에 사는 종에 대한 것, 즉 육지 동물 사냥인데, 이것은 많은 종류들과 이름들로 나뉩니다. 다른 하나는 수영하는 동물에 대한 것으로서, 이는 모두 물에서 행하는 사냥과 관련됩니다.

테아이테토스 그렇습니다.

손님 수영하는 동물 중 하나는 날개 달린 족속이고 다른 하나는 b

물속에 사는 족속임을 우리는 봅니다.

테아이테토스 그렇습니다.

손님 그리고 날개 달린 종에 대한 모든 사냥은 우리가 보기에 '새 사냥술'이라고 불립니다.

테아이테토스 그렇게 불립니다.

손님 그리고 물속에 사는 것에 대한 사냥은 거의 그 전체가 '물고기 사냥술'입니다.

테아이테토스 네.

손님 그럼 다음은 어떻습니까? 또한 이 사냥 역시 가장 큰 두 부분으로 나눌 수 있지 않겠습니까?

테아이테토스 어떤 부분으로 말입니까?

손님 하나는 그 자리에서 에워쌈에 의해서 사냥을 하고 다른 하나는 후려침에 의해서 합니다.[14]

테아이테토스 무슨 말씀이신지? 어떤 점에서 그 둘 각각을 나누시는지?

c 손님 어떤 것을 가두기 위해 주변을 둘러싸는 모든 것은 아마 '에워싸는 것'이라 부를 수 있습니다.

테아이테토스 물론입니다.

손님 통발, 그물, 올가미, 바구니 그리고 그와 같은 것들을 '에워싸는 것' 말고 다른 이름으로 부를 수 있나요?

테아이테토스 없습니다.

손님 그러면 사냥의 이런 부분을 우리는 '에워싸는 사냥' 혹은 그와 같은 어떤 것으로 부를 것입니다.

테아이테토스 네.

손님 갈고리나 작살로 후려치는 사냥은 이와는 다르며, 이제 한 d
마디로 '후려치는 사냥'이라 불러야 합니다. 혹은 테아이테토스여, 더 좋은 이름으로 부를 게 있습니까?

테아이테토스 이름에는 신경 쓰지 맙시다. 그것으로 충분합니다.

손님 밤에 하는 후려치는 사냥은 이 사냥을 하는 사람들 자신에 의해 '불빛 사냥'이라고 불리는데, 내 생각에 이 사냥은 불빛 앞에서 행해지기 때문에 그렇게 불립니다.

테아이테토스 그렇습니다.

손님 그런데 낮에 하는 사냥은, 작살조차도 그 끝에 갈고리를 가지고 있다는 이유로, 모두 '갈고리 사냥'입니다.[15]

테아이테토스 그렇게 불립니다. e

손님 이제, 후려치는 것 중에 갈고리 사냥의 일부는 위에서 밑으로 일어나는데, 작살을 바로 그렇게 사용하기 때문에, 내 생각에 '작살술'이라고 불립니다.

테아이테토스 몇몇 사람들이 그렇게 부르죠.

손님 그럼 남는 것은, 말하자면, 단 한 가지 종류입니다.

테아이테토스 어떤 것이죠?

손님 그것은 이와 반대되는 후려치는 종류입니다. 이것은 갈고리 221a

를 사용하지만, 작살에 의해 그러는 것처럼 물고기 몸의 아무 부분에나 후려치는 것이 아닙니다. 항상 사냥감의 머리와 주둥이 주변을 후려칩니다. 그리고 꼬챙이와 속이 빈 나무줄기를 이용해 반대로 밑에서 위로 끌어당깁니다. 이것에 대해, 테아이테토스여, 어떤 이름으로 불러야 한다고 말할까요?

테아이테토스 우리가 찾아야만 한다고 조금 전 앞에 놓았던 바로 그것이 이제 완결된 것으로 보입니다.

b 손님 그러니 이제 낚시술에 관련해서 당신과 나는 이름에 대해서만 합의를 한 것이 아닙니다. 그 일 자체에 관한 설명에 있어서도 충분히 파악한 것입니다. 왜냐하면 기술 전체 중에서 반은 획득적 부분이고, 획득적 부분의 반은 예속하는 부분이고, 예속하는 부분의 반은 사냥이고, 사냥의 반은 동물 사냥이고, 동물 사냥의 반은 물에서 행하는 사냥이고, 물에서 행하는 사냥의 반은 물밑에서 이루어지는 것으로서 그 전체가 물고기 사냥이고, 물고기 사냥의 반은 후려치는 물고기 사냥이며, 후려치는 물고기 사냥의 반은 갈고리 물고기 사냥이고, 갈고리 물고기 사냥의 반은 밑에서 위로 끌어당기면서 후려치는 사냥이기 때문입니다.

c 바로 이런 행위 자체로부터 그와 닮은 이름이 나와, 우리가 찾았던 대상, 즉 '낚시술'이 명명되었습니다.[16]

테아이테토스 확실히 그 점은 충분히 밝혀졌군요.

손님 자, 그럼, 이 본보기를 따라 또한 소피스트가 무엇인지 찾으려 시도해 봅시다.

테아이테토스 물론입니다.

손님 그런데 맨 처음 물었던 바는, 낚시꾼을 문외한으로 놓을 것인가 아니면 기술을 가진 자로 놓을 것인가 하는 점이었습니다.

테아이테토스 네.

손님 테아이테토스여, 이제 이 사람 역시 문외한으로 놓을까요, d
아니면 전적으로 진짜 똑똑한 자[17]로 놓을까요?

테아이테토스 결코 문외한은 아닙니다. 그가 그런 이름을 지니기에 전적으로 그런 사람이어야 한다는 것으로 나는 당신의 말을 이해합니다.

손님 그러므로 우리는 그를 어떤 기술의 소유자로 놓아야 할 것으로 보입니다.

테아이테토스 어떤 기술입니까?

손님 맙소사, 저 사람이 이 사람과 비슷한 족속이라는 점을 우리가 몰랐단 말인가요?

테아이테토스 누가 누구와 그렇다는 말인지요?

손님 낚시꾼이 소피스트와 그렇다는 겁니다.

테아이테토스 어떻게요?

손님 둘 다 사냥꾼이라는 점이 내게 확실히 보입니다.

테아이테토스 한쪽은 무엇을 사냥하죠? 다른 쪽은 말했습니다. e

손님 방금 우리는 사냥 전체를 수영하는 동물에 대한 사냥과 육지 동물에 대한 사냥으로 분리함으로써 둘로 나누었습니다.

테아이테토스 네.

손님 전자에 대해서는, 이것이 물속에서 수영하는 것들에 관련되는 한, 우리가 자세히 다루었습니다. 하지만 육지 동물에 대해서는 우리가 나누지 않고 내버려 두었고 단지 그 종류가 많을 것이라고 말했습니다.

222a 테아이테토스 그렇습니다.

손님 지금 여기까지 소피스트와 낚시꾼은 획득 기술로부터 둘이 함께 걸어 나오고 있습니다.

테아이테토스 확실히 그렇게 보입니다.

손님 그러나 둘은 동물 사냥 기술에서부터 갈라집니다. 한쪽은 바다, 강, 호수로 가서 여기에 있는 동물을 사냥하려고 할 것입니다.

테아이테토스 물론이죠.

손님 다른 쪽은 육지와 매우 다른 종류의 강, 즉 부(富)와 젊음의 강, 말하자면 아낌없이 주는 초지(草地)로 가서 여기에 있는 길러지는 것들을 제압하여 예속하려고 할 것입니다.

b 테아이테토스 무슨 말인지?

손님 육지 동물 사냥에는 두 가지 큰 부분이 있습니다.

테아이테토스 그 각각은 무엇인지요?

손님 길들인 동물에 대한 사냥과 야생 동물에 대한 사냥이 그것입니다.

테아이테토스 길들인 동물 사냥도 있나요?

손님 인간이 길들인 동물이라면 그런 게 있습니다. 당신 마음에 드는 대로 놓아 보세요. 즉 길들인 동물은 없다고, 혹은 길들인 동물은 있지만 인간은 야생적이라고 놓아 보세요. 혹은 인간은 길들인 동물이라고 당신이 말하면서 인간에 대한 사냥은 없다고 생각할 수도 있겠지요. 당신이 볼 때 당신 마음에 드는 주장을 이것들 중 구별해 내어 우리에게 보여 주세요.

테아이테토스 하지만 손님, 나는 우리가 길들인 동물이라고 생각 c
하며 인간 사냥이 있다고 말합니다.

손님 그러면 길들인 동물 사냥 역시 두 가지라고 말합시다.

테아이테토스 어떤 방식으로 그렇죠?

손님 해적질, 납치, 참주통치 그리고 전쟁술 전체를 모두 하나로, 즉 '강제에 의한 사냥'으로 정의하는 방식입니다.

테아이테토스 좋습니다.

손님 반면 우리는 법정연설 기술, 대중연설 기술 그리고 사교대화 기술[18]을 역시 하나의 전체로, 즉 '설득술'이라는 하나의 기술로 부릅니다.

테아이테토스 옳습니다. d

손님 설득술에는 두 가지 종류가 있다고 말합시다.

테아이테토스 무엇이죠?

손님 설득술의 하나는 사사로운 모임에서, 다른 하나는 공적인 모임에서 이루어집니다.[19]

테아이테토스 각각의 종류가 물론 일어납니다.

손님 '사사로운 모임에서의 사냥'의 한 부분은 '보수를 받는' 것이고, 다른 부분은 '선물을 주는' 것이지 않겠습니까?[20]

테아이테토스 이해를 못했습니다.

손님 당신은 구애자(求愛者)들이 행하는 사냥에 여태까지 주목을 안 한 것으로 보입니다.

테아이테토스 어떤 점에 대해서 그렇죠?

e 손님 구애자들은 사냥감에게 또한 선물을 얹어서 준다는 점 말입니다.

테아이테토스 맞는 말입니다.

손님 그럼 이 종류는 '구애술'이라고 합시다.

테아이테토스 물론입니다.

손님 보수를 받는 기술 중에서는, 만족감을 주는 것을 통해 사교를 하고, 전적으로 쾌락을 통해 미끼를 마련하고, 오직 자신의 밥벌이를 위해서 보수를 요구하는 부분이 있습니다. 내 생각에
223a 는 이 부분을 우리 모두가 '아첨술', 즉 일종의 '쾌락술'이라고 부를 수 있을 겁니다.

테아이테토스 왜 아니겠습니까?

손님 그러나 탁월함[21]을 위해서 사교를 한다고 공언하면서 현금

을 보수로 달라고 요구하는 부분도 있습니다. 이 족속은 다른 이름으로 불러야 할 만하지 않겠습니까?

테아이테토스 왜 아니겠습니까?

손님 이 이름은 무엇입니까? 말해 보시죠.

테아이테토스 그건 분명하죠. 우리가 소피스트를 발견한 것으로 내게 보입니다. 내가 이렇게 말함으로써 그를 적절한 이름으로 부른다고 난 생각합니다.

손님 테아이테토스여, 그럼 이제 이 설명에 따르면 이렇게 될 것
같습니다. 즉 기술 중에서, 자기 것으로 삼는 기술 중에서, 사냥 b
술 중에서, 동물 사냥술 중에서, 육지 사냥술 중에서, 길들인 동
물 사냥술 중에서, 인간 사냥술 중에서, 사사로운 모임에서의 사
냥술 중에서, 보수를 받는 기술 중에서, 현금을 버는 기술 중에
서, 가짜로 교육하는 기술 중에서, 부유하고 잘 알려진 젊은이들
을 사냥하는 기술을, 우리의 지금 이 설명이 결론짓듯이, '소피
스트 기술'이라고 불러야 합니다.

테아이테토스 전적으로 그렇습니다.

손님 여기서 또한 더 살펴봅시다. 지금 우리가 찾고 있는 것은 단
순한 기술이 아니라 매우 다채로운 기술을 나누어 가지기 때문 c
입니다. 왜냐하면 앞서 말한 것에서조차, 이것은 지금 우리가 그
것이라고 말하는 바가 아니라 다른 종이라는 외관을 주기 때문
이죠.

테아이테토스 어떻게 해서 그렇죠?

손님 획득 기술의 종류는 아마 두 가지였습니다. 그것에는 사냥하는 부분도 있었지만, 교환하는 부분도 있었습니다.[22]

테아이테토스 그랬죠.

손님 교환 기술에는 두 가지 종류가 있다고, 즉 하나는 '선물을 주고받는 것'이고, 다른 하나는 '사고파는 것'이라고 말을 할까요?

테아이테토스 그렇게 말하시죠.

손님 사고파는 기술도 두 가지로 잘린다고 말을 해 봅시다.

d 테아이테토스 어떻게요?

손님 자기가 만든 것을 '직접 파는 것'과 남이 만든 것을 사고파는 '장사'로 나누는 것입니다.

테아이테토스 그렇습니다.

손님 다음은 어떻습니까? 장사 중에서, 장사의 거의 반을 차지하는 부분으로서 도시 안에서 교환하는 것을 '소매술'이라고 부르지요?

테아이테토스 네.

손님 반면에 도시와 도시를 옮겨 다니며 사고팔면서 교환하는 것은 '도매술'이라고 부르지요?

테아이테토스 물론입니다.

손님 도매술 중에서, 육체가 영양분으로 받아들여 사용하는 것을
e 팔아서 현금과 교환하는 것도 있고, 영혼이 영양분으로 받아들

여 사용하는 것을 팔아서 현금과 교환하는 것도 있다는 점을 우리가 알아차리지 못했죠?

테아이테토스 무슨 말인지요?

손님 우리가 모르는 부분은 아마 영혼에 관련된 것입니다. 다른 쪽은 우리가 이해하니 말입니다.

테아이테토스 네.

손님 그러면 모든 시가술(詩歌術), 회화술, 볼거리를 만드는 기술 224a
그리고 오락을 위해서 혹은 진지한 목적을 위해서 운반되고 팔
리는, 영혼과 관련된 많은 다른 기술들에 대해서 이렇게 말해 봅
시다. 즉 이 기술들은 항상 도시와 도시를 다니며 한 곳에서 구
매된 후 다른 곳으로 운반되어 팔립니다. 그래서 이 기술들로 인
해, 이것들을 가져다가 파는 사람도 음식과 음료를 파는 사람 못
지않게 마땅히 '도매상'으로 불리게 됩니다.

테아이테토스 아주 맞는 말입니다.

손님 그러므로 배울 수 있는 것들을 다 사들여서 도시와 도시를 b
돌아다니며 현금과 교환하는 사람에 대해서도 당신은 똑같은 이
름으로 부르지 않을까요?

테아이테토스 그렇고말고요.

손님 이 '영혼과 관련된 도매술' 중에 일부는 '보여 주는 기술'이라고 매우 마땅히 부를 수 있지 않을까요? 그리고 다른 일부는 앞의 것만큼이나 우스운 이름으로 불러야만 하지 않나요? 그러

나 이것은 배울 수 있는 것들에 관한 판매이므로, 이 행위와 친족적인 어떤 이름이어야 하겠지요?

테아이테토스 물론입니다.

c 손님 그럼, 이 '배울 수 있는 것들에 관한 판매술' 중에서, 다른 기술들에 속하는 배움에 관한 것은 하나의 어떤 이름으로, 그리고 탁월함에 관한 것은 이것과 다른 하나의 이름으로 불러야 합니다.

테아이테토스 그렇습니다.

손님 전자는 '기술 판매'라고 부른다면 적절할 것입니다. 그럼 후자는 어떻게 부를지 시도해 보세요.

테아이테토스 우리가 엉뚱한 소리를 내지 않기 위해서는, 지금 우리가 찾고 있는 것, 즉 소피스트라는 족속 이외에 부를 수 있는 다른 어떤 이름이 있겠습니까?

손님 다른 이름은 없습니다. 자, 이제 이를 모아서 이렇게 말해 봅시다. 즉 소피스트 기술은, 획득술 중에서 교환술, 이것 중에
d 서 사고파는 기술, 이것 중에서 도매술, 이것 중에서 영혼과 관련된 도매술, 이것 중에서 말과 배울 수 있는 것들을 다루되 탁월함을 파는 기술로 두 번째 방식[23]으로 나타났다고 말입니다.

테아이테토스 그렇습니다.

손님 세 번째 방식도 있습니다. 심지어 어떤 이가 도시 자체에 눌러앉아 똑같은 것들에 관해 배울 수 있는 것 중 어떤 것은 사고,

어떤 것은 직접 고안하여 팔아서 생계를 유지하려 한다면, 당신은 지금 언급된 이름 이외의 다른 이름으로 그를 부르지 않으리라 나는 생각합니다.

테아이테토스 바로 그 이름으로 왜 제가 부르지 않겠습니까?

손님 그러므로, 획득술 중에서 교환하는 부분, 이것 중에서 사고파는 부분, 이것 중에서, 소매를 하건 직접 만들어 팔든지 간에 e
어느 방식이라도 상관없이, 이러한 것들에 관련해 배울 수 있는 것들을 판매하는 족속 또한 당신은 항상 '소피스트적'이라고 부를 것으로 보입니다.[24]

테아이테토스 그럴 수밖에 없겠죠. 논의를 따라가야만 하니까요.

손님 우리가 지금 추적하고 있는 족속이 다음의 이런 어떤 것과 비슷한지를 또한 살펴봅시다.

테아이테토스 무엇과 비슷하다는 것인지요? 225a

손님 획득술의 한 부분은 우리가 볼 때 '경쟁술'이었습니다.[25]

테아이테토스 물론입니다.

손님 이것을 둘로 나누는 것은 잘못된 게 아닐 겁니다.

테아이테토스 어떤 식으로 나누는지 말씀하시죠.

손님 그것의 한 부분은 '경기와 관련한 것'으로, 다른 부분은 '싸움과 관련한 것'으로 놓는 것입니다.

테아이테토스 좋습니다.

손님 그래서 '싸움술' 중에서, 신체와 신체가 부딪치는 것에 대해, 예컨대 '폭력적인 것'과 같은 그런 이름을 놓아서 부른다면, 이는 거의 그럴 법하고 적절할 것입니다.

테아이테토스 예.

b 손님 반면에 말과 말이 부딪치게 되면, 테아이테토스여, '말다툼' 이외에 어떤 다른 이름으로 부를 수 있겠습니까?

테아이테토스 다른 이름은 없습니다.

손님 그럼 말다툼에 관한 것도 두 가지로 놓아야 합니다.

테아이테토스 어떻게요?

손님 정의로운 것과 부정의한 것에 관련해 공적인 방식으로 긴말과 긴말이 서로 반대되면서 부딪치는 한, 이것은 '법정 말다툼'입니다.

테아이테토스 예.

손님 그러나 질문과 답변에 의해 잘게 잘려서 그리고 사사로운 방식으로 이루어지는 것에 대해서는, 우리가 '반박'[26] 이외의 다른 것으로 부르는 데 익숙한가요?

테아이테토스 다른 것으로 부르는 데 익숙하지 않습니다.

c 손님 반박 중에서, 상호 계약과 관련해 말다툼을 벌이지만 별 기술 없이 되는 대로 이루어지는 것은 모두 한 종류로 놓아야 합니다. 논의가 이것을 하나의 다른 것으로 식별해 놓았기 때문이죠. 그렇지만 이것은 이전 사람들에 의해서 이름을 얻지 못했고, 또 지금 우리에 의해서도 이름을 얻을 만한 가치는 없습니다.

테아이테토스 맞습니다. 그렇게 되면 너무 세세하게 그리고 잡다하게 나누어지니까요.

손님 그러나 정의로운 것 자체와 부정의한 것에 관해서 그리고 일반적으로 다른 것들에 관해서도 말다툼을 기술적으로 하는 부분은 우리가 '쟁론적(爭論的)인' 것[27]이라고 부르는 데 익숙해져 있지 않나요?

테아이테토스 그럼요.

손님 쟁론 중에서, 하나는 돈을 낭비하는 것이고 다른 하나는 돈 d
을 버는 것입니다.

테아이테토스 전적으로 그렇습니다.

손님 그럼 이 둘 각각을 불러야 할 이름을 말하도록 해 봅시다.

테아이테토스 그래야죠.

손님 이런 일에 시간을 보내는 즐거움 때문에 본인의 일은 소홀히 하게 만드는, 그러나 그런 말하기를 듣는 많은 이들에게는 즐거움을 주지 않는 쟁론 부분은, 내 생각에 '수다'와 다른 이름으로는 불리지 않을 것 같습니다.

테아이테토스 네, 그런 식으로 불립니다.

손님 그럼 이와 반대되는 부분, 즉 사사로운 영역에서 쟁론을 통 e
하여 돈을 버는 부분에 대해 이름을 부르도록 시도하는 것은 이제 당신 순서입니다.

테아이테토스 우리가 실수하지 않고 말을 하려면, 우리가 추적하고 있었던 저 놀라운 소피스트가 이제 네 번째[28]로 돌아왔다는 것 이외에 어떤 다른 것을 말할 수 있겠습니까?

226a 손님 이제 논의가 보여 주듯이, 소피스트는 돈벌이를 하는 족속일 것이로되, 쟁론술의, 반박술의, 말다툼 기술의, 싸움술의, 경쟁술의, 획득술의 부분 이외에 다른 그 어떤 것이 아닙니다.

테아이테토스 바로 그러합니다.

손님 이 동물은 다채롭고 이를테면 "한 손에 안 잡힌다."고 하는 말이 정말 옳게 말해지고 있다는 것을 당신은 아십니까?

테아이테토스 그러니 두 손으로 잡아야겠지요.

손님 그래야만 하겠지요. 그것도 우리의 모든 능력껏 그렇게 해
b 야 합니다. 그의 흔적을 다음과 같은 방식으로 좇아가면서 말입니다. 자, 말해 주세요. 우리는 집안 하인들이 사용하는 단어들을 일부 사용하지요?

테아이테토스 많죠. 그런데 이 많은 것 중 어떤 것들에 관해 여쭈시는지?

손님 이를테면 우리는 '걸러 내다', '체질을 하다', '까부르다', '가려내다'와 같은 말을 합니다.

테아이테토스 그렇습니다.

손님 이것들 말고도 또한 '빗어 다듬다', '돌려서 잣다', '북으로 베를 가르면서 짜다' 그리고 기술 안에 놓여 있는 그와 같은 아주 많은 다른 것들에 관해서 우리는 알고 있습니다. 그렇지 않나요?

테아이테토스 그것들에 관해서 어떤 점을 보여 주고자 원하시기에, c
이것들을 본보기[29]로 놓고 이 모든 것에 관해 묻고 계시는지요?

손님 언급된 모든 것들은 '분리하는 것'과 관계된 것으로 말해집니다.[30]

테아이테토스 예.

손님 그러면 내 설명에 따르면, 이 모든 것에 있어서 하나의 기술이 있으므로, 우리는 이 기술에 관해 하나의 이름을 요구할 것입니다.

테아이테토스 어떤 이름으로 부를 것인지요?

손님 '분리 기술'입니다.

테아이테토스 그렇다고 하시죠.

손님 이 기술에 대해서도 우리가 다시 두 개의 종류를 식별할 수 있을지 고찰해 보세요.

테아이테토스 나 같은 사람한테는 너무 빠른 고찰을 당신은 요구하십니다.

손님 그런데 언급된 분리들 가운데 하나는 더 좋은 것에서 더 나 d
쁜 것을, 다른 하나는 비슷한 것에서 비슷한 것을 분리해내는 것이었습니다.

테아이테토스 지금 말씀하신 대로 대략 그렇게 보입니다.

손님 후자에 관해 사람들이 부르는 이름은 난 알지 못합니다. 하지만, 더 좋은 것은 남겨 두고 더 나쁜 것은 버리는 분리에 관한 이름은 알고 있습니다.

테아이테토스 그게 무엇인지 말해 보세요.

손님 내가 이해하기로는, 모든 그러한 분리는 모든 이에 의해서 '정화'(淨化)로 불립니다.

테아이테토스 그렇게 불립니다.

e 손님 순화도 마찬가지로 두 가지 종류라는 것을 모든 이가 알지 않나요?

테아이테토스 시간적 여유가 있다면 알겠죠. 하지만 저는 지금 아직 모르겠습니다.

손님 하나의 이름으로 적절하게 포괄할 수 있는 신체 순화 혹은 물체 순화의 여러 종류들이 있지요.

테아이테토스 무슨 종류들이며, 무슨 이름입니까?

손님 살아 있는 것들로 말하자면, 신체 안에서 체육술과 의술이
227a 올바로 분리하여 제거하는 종류가 있고, 또 신체 바깥에서 목욕술이 제공하는, 말하기에는 하찮은 종류가 있습니다. 또 살아 있지 않은 물체들로 말하자면, 축융술(縮絨術)과 모든 정돈 기술이 돌봐주는 종류가 있는데, 이것들은 세분하게 되면 우스워 보이는 많은 이름들을 가지고 있습니다.

테아이테토스 아주 우스워 보이지요.

손님 물론입니다, 테아이테토스여. 하지만 논의의 방법은 '약을 마시는 것'보다 '닦아 내는 기술'에 덜 신경을 쓰지도, 더 신경을

쓰지도 않습니다. 후자는 순화를 통해 우리에게 사소한 이로움
을, 전자는 순화를 통해 큰 이로움을 가져다준다 할지라도 말입
니다. 논의의 방법은 지성을 획득할 목적으로 모든 기술들 중 동 b
종적인 것과 동종적이지 않은 것을 파악하려 시도합니다. 바로
이 점에서 논의의 방법은 모든 기술들을 동등하게 존중하며, 그
유사성을 따라가기에 어느 것을 어느 것보다 더 우스운 것으로
간주하지 않습니다.[31] 또한 그것은 사냥술을 장군술(將軍術)의 예
를 통하여 밝혀 보여 주려는 자들은 해충잡기 기술의 예를 통해
보여 주려는 자보다 더 존엄하다고 조금이라도 생각해 본 적 없
고, 오히려 그런 자는 대부분 허세를 부리는 것이라고 생각합니
다. 그럼 이제 당신이 물었던 질문, 즉 살아 있든 살아 있지 않든
물체를 순화하도록 되어 있는 모든 능력들을 우리가 무슨 이름
으로 부를 것인지에 관한 질문으로 돌아갑시다. 어떤 이름으로
불러야지 그것이 가장 괜찮게 보일까 하는 점은, 논의의 방법에
대해 아무 차이가 없을 겁니다. 그 이름은, 영혼 아닌 그 밖의 것 c
들을 순화하는 모든 것들을 같이 묶어 주고 영혼의 순화만 따로
떼어 놓아 주면 됩니다. 왜냐하면, 논의의 방법이 의도하는 바를
우리가 이해한다면, 논의의 방법은 사고에 관한 순화를 다른 순
화들로부터 구분해[32] 내려는 시도를 해 왔기 때문입니다.

테아이테토스 이해했습니다. 나는 두 가지 종류의 순화가 있다는 것에 동의합니다. 하나는 영혼에 관한 종류이고, 이것은 신체에

관한 종류와 분리된 것입니다.

d 손님 아주 훌륭합니다. 이제 다음의 내 말을 듣고 방금 언급된 것을 다시 둘로 잘라 보도록 시도하세요.

테아이테토스 당신이 이끄는 대로 당신과 함께 자르도록 시도해 보겠습니다.

손님 악덕은 영혼 안의 덕과 다른 어떤 것이라고 말들을 하지요?[33]

테아이테토스 물론이지요.

손님 그런데 순화야말로 어딘가에 나쁜 것이 있다면 모두 갖다 버리되 다른 하나는 남겨 두는 것이었습니다.

테아이테토스 그랬었죠.

손님 또한 영혼에 있어서도 우리가 어떤 나쁨이 제거되는 것을 발견하는 한, 이 제거를 순화라고 부른다면, 이는 적절하게 말하는 것입니다.

테아이테토스 아주 옳습니다.

손님 영혼의 나쁨은 두 가지 종류가 있다고 말해야 합니다.

테아이테토스 어떤 것들이죠?

228a 손님 하나는 신체 안의 질병과 같은 것으로, 다른 하나는 추함과 같은 것으로 생겨나는 것입니다.

테아이테토스 이해를 못했습니다.

손님 아마 당신은 질병을 내분(內紛)과 동일한 것으로 여긴 적이 없는지요?

테아이테토스 이 질문에 대해서도 무어라 답변을 해야 할지 모르겠군요.

손님 내분은, 자연적으로 친족적인 것이 어떤 불일치[34]로 인해 해체되는 것과 다른 것이라고 당신은 생각하시는지?

테아이테토스 전혀 그렇지 않습니다.

손님 그리고 추함은, 어디에 있든지 간에 보기에 흉한, 불균형적인[35] 종류 이외의 다른 것입니까?

테아이테토스 결코 다른 게 아닙니다. b

손님 다음은 어떻습니까? 나쁜 상태에 처해 있는 사람들의 영혼 속에는, 판단이 욕망과, 기개가 쾌락과, 이성이 고통과, 그리고 이 모든 것이 서로서로 일치하지 않는다는 점을 우리가 알아차리지 못합니까?

테아이테토스 아주 분명히 알아차립니다.

손님 그렇지만 이것들 모두는 친족적임에 틀림없습니다.

테아이테토스 그렇습니다.

손님 그래서 영혼의 내분과 질병을 '악덕'이라고 우리가 부른다면, 이는 옳게 말하는 것입니다.

테아이테토스 아주 옳습니다.

손님 다음은 어떠합니까? 운동에 참여하고 어떤 표적을 놓고 이 c
를 맞히려 시도하는 모든 것들이 표적에 달려들 때마다 이로부터 비켜나고[36] 벗어나게 되면, 이런 일을 겪게 되는 것은 서로 간의 균형 탓으로 우리가 말할까요, 아니면 반대로 불균형 탓으로 말할까요?

테아이테토스 불균형 탓이라는 게 분명합니다.

손님 그런데 어느 영혼이라도 그 무엇에 대해서라도 무지한 것은, 자발적으로 그런 것이 아님을 우리는 알고 있습니다.

테아이테토스 그렇습니다.

d 손님 무지라는 것은, 영혼이 진리에로 달려들지만 이해로부터 비켜나는 것, 즉 '분별로부터 비켜남' 이외에 다른 것이 아닙니다.

테아이테토스 그렇습니다.

손님 따라서 이해를 못하는 영혼은 추하고 불균형적인 것으로 놓아야 합니다.

테아이테토스 그런 것 같군요.

손님 그러면 영혼 안에는 두 가지 종류의 나쁜 것이 있습니다. 하나는 많은 이들이 악덕이라 부르는 것이며 이것은 아주 명백하게 영혼의 질병입니다.

테아이테토스 네.

손님 다른 하나는 사람들이 무지라고 부릅니다. 하지만 이것이 오직 영혼 안에서만 생길 때 이것을 나쁜 것이라고 부르는 데 사람들은 동의하려 하지 않습니다.[37]

e 테아이테토스 조금 전 당신이 말했을 때 저는 의심했었지만 이제

는 완전히 동의해야만 하겠군요. 영혼 안에는 두 가지 종류의 나쁨이 있다는 점에 대해서 말입니다. 비겁, 방종, 부정의는 모두 우리 안에 있는 질병으로, 그리고 온갖 종류의 많은 무지의 상태는 추함으로 놓아야 합니다.

손님 그러면, 신체 안의 이 두 가지 겪음을 다루는 두 가지 기술들이 생겨나지 않았는지요?

테아이테토스 두 가지는 뭐죠?

손님 추함을 다루는 '체육'과 질병을 다루는 '의술' 말입니다. 229a

테아이테토스 그런 것 같군요.

손님 마찬가지로 오만, 부정의, 비겁을 다루는 '처벌술'이 모든 기술들 중에서 본성상 정의의 여신[38]과 가장 가까운 것이 아니겠습니까?

테아이테토스 그럴법합니다. 말하자면 인간적인 의견에 따를 것 같으면 말입니다.

손님 그럼, 무지 전체는 어떻습니까? 이를 다루는 기술로서는, '가르치는 기술'보다 더 올바른 이름을 누군가가 말할 수 있을까요?

테아이테토스 그것 말고 다른 것은 없습니다.

손님 자, 그럼, 가르치는 기술에는 한 가지 종류만 있는 것으로 말해야 합니까? 아니면 여러 가지가 있어서 이 중에 다음 두 가 b
지가 아주 중요한 것들인가요? 생각해 보세요.

테아이테토스 생각하고 있습니다.

손님 내 생각에는 다음과 같은 식으로 할 때 우리가 가장 빨리 발견할 수 있을 것으로 보입니다.

테아이테토스 어떤 식이지요?

손님 무지 자체가 자신의 중간을 따라 잘린 부분을 가지는지를 보는 것입니다.[39] 무지가 둘로 되어 있으면 가르치는 기술 역시 두 개의 부분을 갖는다는 것은 분명히 필연적입니다. 한 부분이 한 종류의 무지에 짝 맞춰서 말입니다.

테아이테토스 어떻습니까? 우리가 지금 찾고 있는 것이 당신에게 분명히 보이는지요?

c 손님 무지 중에 크고도 힘든 한 종류를 내가 보고 있는 것으로 내게는 여겨집니다. 이 종류는 무지의 다른 모든 부분들과 구분되어 있고 이것들과 맞먹는 것입니다.

테아이테토스 그게 어떤 것이지요?

손님 어떤 것을 알지 못하면서도 안다고 여기는 것입니다. 우리의 생각 속에서 일어나는 모든 실수들이 이 때문에 생겨나는 것 같습니다.

테아이테토스 맞습니다.

손님 특별히 이런 종류의 무지에 대해서만 '어리석음'이라는 이름이 붙여졌다고 나는 생각합니다.

테아이테토스 물론입니다.

손님 그럼, 가르치는 기술 중에서 이것을 제거하는 부분은 무엇이라고 불러야 할까요?

테아이테토스 손님이시여, 내가 보기에 다른 것들은 '기술 교육'으 d
로 불리지만, 이것은 최소한 여기 우리들 사이에 '교육'이라고 불
려 왔습니다.

손님 테아이테토스여, 또한 거의 모든 그리스인들 사이에서도 그렇게 불립니다. 그렇지만 어리석음이 더 이상 나눌 수 없는 전체인지 아니면 언급할 만한 가치가 있는 어떤 분할을 허용하는지에 관해 우리가 여전히 고찰해야 합니다.

테아이테토스 고찰해야 하겠군요.

손님 내가 보기에 이것도 어떤 식으로 쪼개질 것 같습니다.

테아이테토스 어떤 식이죠?

손님 말을 통해 가르치는 기술 중 하나는 보다 거친 방법이지만 e
다른 하나는 보다 매끄러운 방법인 것 같습니다.

테아이테토스 이것들 각각을 우리는 무엇이라고 불러야 할까요?

손님 그 중 하나는 조상대대로 내려오는 오래된 방법으로서, 자
식들에 대해 특별히 사용했고 지금도 많은 이가 사용하고 있는 230a
것입니다. 지금도 부모 입장에서 자식들이 잘못할 경우 어떤 때
는 이들을 엄하게 대하지만 어떤 때는 보다 부드럽게 충고합니
다. 이 전체를 '훈계 기술'이라고 부른다면 이는 아주 옳은 말일
겁니다.

테아이테토스 그렇습니다.

손님 다른 한편으로, 어떤 이들은 스스로에게 따져 본 후 아래와 같은 생각에 도달하게 된 것 같습니다. 즉 모든 어리석음은 비자발적이라는 것, 그리고 스스로가 지혜롭다고 믿는 사람은 자신이 그 방면에서 대단하다고 믿는 그 어떤 것도 배우려 하지 않으리라는 것, 그리고 훈계하는 교육의 종류는 많은 노력을 했지만 별 성과가 없다는 것이 그들의 생각입니다.

테아이테토스 그들의 생각은 옳습니다.

b 손님 그래서 그들은 이런 믿음을 제거하기 위해 다른 방법에 착수합니다.

테아이테토스 어떤 방법이죠?

손님 그들은, 어떤 이가 실제로는 아무것도 말하지 않으면서도 뭔가를 말한다고 믿는 주제들에 관해 질문을 합니다. 그러면 그들은, 질문 받은 자들이 헤맨다는 것을 보고 쉽게 이들의 믿음들을 검토하게 됩니다. 그들은 논증을 통해 이들의 믿음들을 동일한 한 곳으로 모아서 옆으로 서로 나란히 놓습니다. 그렇게 놓은 다음 그들은 이 믿음들이 동시에, 동일한 것들에 대해서, 동일한 것들과 관계해서, 동일한 방식에 따라 서로 모순된다는 점을 보여 줍니다. 그러면 이를 보게 되는 자들은 스스로에게는 화를 내
c 지만 다른 사람들에게는 유순하게 됩니다. 이런 방식으로 이들은 자신에 관한 크고 완고한 믿음들로부터 해방됩니다. 이것은

모든 해방 중에서 듣기에 가장 즐거운 해방이고 이를 겪는 자에게는 가장 확고하게 효과를 발휘하는 해방입니다. 이 사람아, 그 이유는 이렇습니다. 의사들은 신체 안의 장애물들이 제거되기 전까지는 신체는 신체에 공급된 양분으로부터 이로움을 얻을 수 없다고 생각합니다. 우리가 방금 언급한 사람들을 정화하는 자들도 의사들과 마찬가지로 생각하면서 영혼에 관해서 동일한 것을 생각한 것입니다. 즉 어떤 자가 논박을 통하여 논박되는 자를 d
부끄러운 상태에 처하게 하고 배움에 방해되는 믿음들을 제거함으로써 이자를 깨끗한 자로 그래서 자신이 아는 것만 알고 더 이상은 알지 못한다고 생각하는 자로 만들어 보여 주기 전까지는, 영혼은 자신에게 공급된 배움들로부터 이로움을 가지지 못하리라는 점을 그들은 생각한 것입니다.

테아이테토스 여하간 그것은 가장 좋고 가장 지혜로운 상태입니다.

손님 테아이테토스여, 이 모든 점 때문에 우리는 논박이 가장 중요하고 가장 주된 정화라고 말해야 합니다. 그리고 논박되지 않 e
은 자는, 설사 '위대한 제왕'[40]이라 할지라도, 가장 중요한 것들에 있어서 깨끗하지 못하기 때문에, 진정으로 행복해지려는 사람이 마땅히 가장 깨끗하고 가장 아름다워야 할 점들에 있어서 교육받지 못한 그리고 추한 자로 생각해야 합니다.

테아이테토스 전적으로 그렇습니다.

손님 다음은 어떻습니까? 이런 기술을 사용하는 자들을 무엇이

231a 라 부를까요? 나는 '소피스트'라고 부르기가 두렵습니다.

테아이테토스 어째서죠?

손님 그들에게 너무 큰 명예를 부여하지는 않나 싶어서죠.

테아이테토스 그렇지만 방금 말해진 것은 그런 사람과 닮았습니다.

손님 또한 늑대도 개와 닮았죠. 앞의 것은 가장 사나운 것이고 뒤의 것은 가장 길들여진 것이지만 말입니다. 조심스러운 사람은 무엇보다도 유사성에 관련해 항상 주의를 해야 합니다. 그런 종류는 아주 미끄럽기 때문입니다.[41] 그럼에도 불구하고 소피스트
b 가 그런 자라고 해 봅시다. 왜냐하면 사람들이 충분히 주의를 한다면, 사소한 정의에 관한 논쟁은 생겨나지 않으리라고 나는 생각하기 때문입니다.

테아이테토스 그런 것 같습니다.

손님 그러면 분리 기술 중에는 정화 기술이 있다고 합시다. 그리고 정화 기술로부터 영혼에 관한 부분을, 영혼에 관한 부분으로부터 가르치는 기술을, 가르치는 기술로부터 교육을 구분해 내도록 합시다. 그리고 교육 중에서, 헛된 가짜 지혜에 관해 생겨나는 논박을, 지금 우리에게 나타난[42] 논의 속에서는, '혈통이 고귀한 소피스트 기술' 이외에 다른 어떤 것이 아니라고 말합시다.

c 테아이테토스 그렇게 말하시죠. 하지만 소피스트가 이미 여러 가지 모습으로 나타났기 때문에, 내가 그에 관해 진실되게 말하고 확언하려면, 그가 진정으로 무엇이라고 말을 해야만 할지 나는

난감합니다.

손님 난감하다니, 그럴 법도 합니다. 그러나 이자 역시 우리의 논의로부터 어떻게 빠져나갈지 이제는 아주 난감해할 것이라고 우리는 생각해야 합니다. "모든 움켜잡는 공격을 다 피하는 것은 쉽지 않다."라는 속담[43]은 옳으니 말입니다. 이제는 그를 정말 공격해야 합니다.

테아이테토스 옳은 말입니다.

손님 우선 멈추어 서서, 말하자면, 한숨 돌리기로 합시다. 그리
고 쉬면서 우리끼리 세어봅시다. 자, 얼마나 많은 모습으로 소피 d
스트가 우리에게 나타났는지? 내가 보기에 그는 첫째로 부유한
젊은이들을 사냥하는, 보수를 받는 사냥꾼으로 발견되었습니다.

테아이테토스 네.

손님 둘째로, 그는 영혼의 배움들과 관련한 일종의 도매상이었습니다.

테아이테토스 물론입니다.

손님 셋째로, 그는 바로 이와 동일한 것들에 관련한 소매상으로 나타나지 않았나요?

테아이테토스 네, 그리고 넷째로, 배움에 관한 것들을 몸소 만들어 파는 자로도 우리 앞에 나타났었습니다.

손님 기억을 올바로 하시네요. 다섯 번째는 내가 기억해 내도록 e
하겠습니다. 그는 말로 하는 경쟁 기술의 선수로서[44] 쟁론술을

자신의 것으로 구분해 내었습니다.

테아이테토스 그랬죠.

손님 여섯 번째 것은 물론 의심스러웠습니다. 그렇지만 그에게 이를 인정해 주었죠. 즉 우리는 그가 '배움에 방해되는 믿음들을 정화하는 영혼의 정화 기술자'라고 놓았습니다.

테아이테토스 전적으로 맞습니다.

232a 손님 그럼, 어떤 자가 하나의 기술의 이름으로 불리지만 여러 가지를 아는 것으로 나타난다면, 이런 나타나는 모습[45]에는 건강하지 못한 어떤 점이 있다는 것을 당신은 알아차리지 못하나요? 어떤 기술에 관해 이런 인상을 겪는 사람은 이 모든 앎들이 바라보는, 이 기술에 속한 그것을 볼 수가 없다는 점 그리고 바로 그것 때문에 그는 이 앎들을 소유한 자를 하나의 이름 대신 또한 여러 이름으로도 부른다는 점이 분명하지 않나요?

테아이테토스 그게 그렇게 된 게 아마 바로 그것 같습니다.

b 손님 이제 우리의 탐구에 있어서 태만으로 인해 그런 일을 겪는 것은 없도록 합시다. 우선 소피스트에 관해 우리가 말한 것들 중 하나를 다시 취하기로 합시다. 하나는 그를 아주 잘 드러낸다는 것이 내게 분명해 보였으니 말입니다.

테아이테토스 그게 어떤 거죠?

손님 우리는 그가 반박에 능한 자라고 말했습니다.[46]

테아이테토스 네.

손님 다음은 어떤가요? 그는 다른 사람들에게 바로 이것을 가르치는 자[47]라고 또한 말하지 않았습니까?

테아이테토스 왜 아니겠습니까?

손님 그러면 이런 사람들이 어떤 것에 관련해서 다른 이들을 반박에 능한 자들로 만든다고 또한 주장하는지를 살펴봅시다. 우리의 탐구가 처음[48]에서부터 이렇게 시작하도록 합시다. 자, 그 c
들은 다른 이들을, 많은 사람들에게 보이지 않는 신적인 것들에 관해서 충분히 반박할 수 있도록 만들지요?

테아이테토스 여하튼 그들에 관해서 그렇게 이야기됩니다.

손님 땅과 하늘과 그와 같은 것들에 있는 눈에 보이는 것들에 관해서는 어떤가요?

테아이테토스 그것들에 관해서도 물론이죠.

손님 나아가, 사사로운 모임에서 모든 것들에 관련해 생성과 존재가 이야기될 때, 이들 자신이 반박에 대단히 능하다는 점 그리고 다른 이들을 동일한 것에 관해 반박의 능력을 가지도록 만든다는 점을 우리는 알고 있지요?

테아이테토스 전적으로 그렇습니다.

손님 법률과 폴리스의 일 전체에 관해서는 어떤가요? 이 점에서 d
도 그들은 다른 이들을 말다툼에 능한 자[49]로 만들어 준다고 약속하지 않나요?

테아이테토스 그들이 이 약속을 하지 않는다면, 솔직히 말해, 이들과 대화하려는 사람은 아무도 없을 터이니까 말입니다.

손님 모든 기술들과 그리고 하나하나 각각의 기술과 관련해서 각 기술자 자체를 상대로 어떻게 반박해야 하는지는, 배우고자 원하는 사람을 위해 글로 기술되어 공개적으로 출간되어 있습니다.

테아이테토스 내가 보기에 당신은 레슬링이나 그 밖의 다른 기술들에 관한 프로타고라스의 글들을 말하는 것 같습니다.[50]

e 손님 친구여, 다른 많은 사람들의 것들에 대해서도 마찬가지입니다. 그러나 반박 기술이야말로, 요점을 말하자면, 모든 것들에 관해 말다툼을 하도록 해 주는 충분한 능력인 것 같지 않나요?

테아이테토스 여하간 그 기술이 손대지 않고 남겨 두는 것은 거의 아무것도 없는 것으로 보입니다.

손님 맙소사, 이 사람아, 당신은 이게 가능한[51] 일이라고 생각하나요? 아마 당신들 젊은이들은 이것을 보다 날카롭게 볼 수 있겠지만 우리들은 보다 침침하게 볼 것입니다.

233a 테아이테토스 어떤 것을 그리고 특별히 무엇을 본다고 말씀하시는지? 지금 질문을 이해를 못하겠군요.

손님 어떤 사람이 모든 것을 알 수가 있는지 말입니다.[52]

테아이테토스 친구여, 그렇게 된다면 우리 인간 종은 축복받은 셈이죠.

손님 스스로 무지한 자가 아는 자를 상대로 반박을 한다면, 어떻게 그가 건전한 말을 할 수가 있겠습니까?

테아이테토스 결코 할 수 없습니다.

손님 그럼 소피스트 기술의 능력의 놀라운 점은 무엇일까요?

테아이테토스 어떤 점에서 놀랍다는 거죠?

손님 어떤 방식으로 그들은, 그들 자신이 모든 사람 중에서 그리 b
고 모든 것에 관해서 가장 지혜롭다는 믿음을 젊은이들로 하여
금 가지게끔 할 수 있을까 하는 점이죠. 왜냐하면 만약 그들이
반박을 똑바로 못하거나 젊은이들이 볼 때 똑바르게 반박을 하
는 것으로 보이지 않는다면, 그리고 그렇게 보인다 하더라도 이
런 말다툼을 통하여 슬기로운 사람으로 여겨지지 않는다면, 당
신이 말한 대로, 이들에게 돈을 주면서 바로 이들의 학생이 되고
자 원하는 이는 거의 아무도 없을 것이라는 점은 분명하기 때문
입니다.

테아이테토스 확실히 거의 아무도 없죠.

손님 그러나 실제로 사람들은 이를 원하죠?

테아이테토스 물론입니다.

손님 내 생각에 그것은, 소피스트들은 그들이 반박하는 바로 그 c
주제들에 관해 그들 자신이 알고 있는 것으로 여겨지기 때문에
그렇습니다.

테아이테토스 물론입니다.

손님 그런데 이들은 모든 주제들에 관해 반박을 합니다. 그러하다고 우리가 이야기하지요?

테아이테토스 네.

손님 그러므로 그들은 그들의 학생들이 볼 때 모든 점에서 지혜로운 자로 보입니다.

테아이테토스 물론입니다.

손님 실제로는 그렇지 않지만 말입니다. 왜냐하면 이것은 가능하지 않다는 것이 나타났기 때문입니다.

테아이테토스 어떻게 그게 가능할 수 있겠습니까?

손님 그러므로 소피스트는 모든 것에 관련해서 어떤 가짜 지식[53]을 가지고 있을 뿐 진리는 가지고 있지 않다는 것이 우리에게 명백히 나타났습니다.

d 테아이테토스 전적으로 그렇습니다. 지금 그들에 관해 이야기된 것이 가장 옳은 이야기인 것 같습니다.

손님 그럼 그들에 관한 더 분명한 본을 들기로 합시다.

테아이테토스 어떤 것인데요?

손님 이런 것입니다. 주의를 기울여 내게 잘 대답해 보도록 하세요.

테아이테토스 어떤 것이죠?

손님 누군가가 자신이 말을 할 줄도, 반박할 줄도 모르지만, 한 가지 기술을 통하여 모든 것들을 제작하고 행할 수 있다고 주장한다면….

e 테아이테토스 "모든 것"이라뇨, 무슨 말입니까?

손님 당신은 당장 우리 이야기의 시작부터 알아차리지 못하고 있군요. "모든 것"이라는 말을 당신은 이해 못하는 것으로 보이니 말입니다.

테아이테토스 이해 못하겠는데요.

손님 "모든 것"에는 당신과 나 그리고 우리 말고도 다른 동물들과 나무들이 속합니다.

테아이테토스 무슨 뜻이죠?

손님 누군가가 당신과 나 그리고 자라면서 살아 있는 모든 다른 것들을 제작할 것이라고 주장한다면 ….

테아이테토스 "제작"이라는 말로 무엇을 뜻하시는지? 어떤 농부 234a
를 뜻하시는 것은 아니지요. 그는 또한 동물을 제작하는 자라고 이야기했으니 말입니다.

손님 그렇습니다. 그러나 또한 거기에 덧붙여, 바다와 땅과 하늘과 신들과 다른 모든 것들을 제작합니다.[54] 그리고 더군다나 그는 이것들 각각을 빠른 시간에 제작한 후 아주 작은 금전을 받고 줘 버립니다.

테아이테토스 장난으로 하는 이야기군요.

손님 모든 것을 알고 있고, 적은 돈을 받고 짧은 시간에 이것을 다른 이에게 가르칠 수 있다고 말하는 자의 경우는 어떻습니까? 이 말은 장난이 아니라고 생각해야 하나요?

테아이테토스 전적으로 그렇다고 생각해야 합니다.

b 손님 장난[55] 중에서, 모방적인 종류보다 더 기술적이고 더 매력적인 종류를 당신은 알고 있나요?[56]

테아이테토스 결코 알지 못합니다. 당신은 모든 것들을 한 종류로 모아 와서는, 광범위하고 매우 다채로운 종류[57]를 언급한 것입니다.

손님 한 가지 기술로써 모든 것을 제작할 수 있다고 공언하는 사람에 관해서는 우리는 다음과 같은 것을 알고 있지 않나요? 즉 그는 회화술을 사용하여 실재하는 것과 동일한 이름의 모방물들을 만든다는 것, 그래서 생각이 없는 어린아이들에게 이 그림들을 멀리서 보여 줌으로써, 자신이 행하길 원하는 모든 것을 실제로 이룰 수 있기에 지극히 충분하다는 점을 믿게끔 속일 수 있다는 것을 알고 있지 않나요?

c 테아이테토스 그렇습니다.

손님 다음은 어떤가요? 말과 관련해서 그와 같은 어떤 다른 기술이 있을 것으로 우리는 기대할 수 있지 않을까요? 이 기술을 사용해서, 사물의 진상으로부터 여전히 멀리 떨어져 서 있는 젊은 이들에게 모든 것들에 관한 말로 된 모상(模像)[58]을 보여 줌으로써, 말을 가지고 귀를 통해 이들을 현혹시키는 것이 가능해집니다.[59] 그래서 진리가 말해졌다고 그리고 말한 자는 모든 것과 관련해 모든 사람들 중에서 가장 지혜롭다고 믿게끔 만들 수가 있습니다.

테아이테토스 왜 그와 같은 다른 기술이 없을 수 있겠습니까? d

손님 테아이테토스여, 그때 이런 말을 들었던 많은 젊은이들에게 충분한 시간이 경과되고, 이들이 나이를 먹어 실재와 가깝게 마주치고 경험을 통해 실재를 분명하게 접촉하도록 강제될 것입니다. 그렇게 되면 이들은 옛날에 가졌던 믿음들을 어쩔 수 없이
바꾸게 되고, 그래서 큰 것은 작게, 쉬운 것은 어렵게 보이며, 말 e
속에 있는 모든 환영들은 삶의 실천들 안에서 생겨난 사실들에 의해 모든 방식으로 뒤집어지지 않겠습니까?

테아이테토스 어쨌든 내 나이에서 내가 판단하자면 그렇습니다. 그러나 내 생각으로는 나 역시 여전히 멀리 떨어져 서 있는 사람들 중의 하나입니다.

손님 그렇기 때문에 우리 모두는, 당신이 그런 경험을 하지 않아도 당신을 실재에로 가능한 한 가까이 데려가려고 할 것이고 또 지금도 그렇게 하고 있습니다. 그러면 소피스트에 관해 다음과
같은 점을 내게 말해 주십시오. 그가 실재의 모방자이기에 일종 235a
의 요술쟁이라는 점이 이제 분명한가요? 아니면 그가 반박할 능력이 있는 것으로 여겨지는 모든 것들에 관해서 또한 정말로 지식을 지니지는 않을까, 우리는 아직도 주저하고 있나요?

테아이테토스 손님이여, 그가 어떻게 그럴 수 있겠습니까? 앞에서 말한 것들로부터 이제 거의 분명해졌습니다. 그가 장난에 참여하는 자들 중[60] 한 사람이라는 점이 말입니다.

손님 따라서 우리는 그를 일종의 요술쟁이이자 모방자로 놓아야 합니다.

테아이테토스 그렇게 놓아야 합니다.

손님 자, 이제 우리의 일은 이 사냥감이 더 이상 빠져나가지 않게
b 하는 것입니다. 그와 같은 것에 관한 논증에 사용되는 도구들로 이루어진 어떤 그물로써, 우리는 그를 거의 둘러쌌기 때문이며, 따라서 그는 다음의 것으로부터 더 이상 도망 나갈 수 없기 때문입니다.

테아이테토스 무엇으로부터 도망 나갈 수 없나요?

손님 그는 '놀라운 것을 만드는 종류'[61]의 한 사람이라는 사실로부터 말입니다.

테아이테토스 내가 보아도 그에 관해서 이 점은 그렇게 보입니다.

손님 그럼 다음과 같이 하기로 결정되었습니다. 즉 우리는 가능한 한 빨리 '모상(模像) 제작술'을 나누어 이 기술 밑으로 내려가야 합니다. 소피스트가 곧장 우리를 기다리고 있다면, 제왕의 말
c 에 의해 내려진 명령에 따라 그를 붙잡아야 할 것입니다.[62] 그리고 이 사냥감을 제왕에게 넘겨주고 보여 줘야 합니다. 그러나 그가 모방술의 부분들 밑에 어딘가로 숨어 버린다면 우리는 그를 뒤따라가면서 그를 받아 주는 부분을, 그가 잡힐 때까지, 계속해서 나누어야 합니다. 이자도 그리고 어떤 다른 족속도, 사물을 각각에 따라 그리고 또한 전체에 따라 그렇게 추적할 수 있는 자

들의 방법으로부터 도망갔노라고 뽐내는 일은 전적으로 없도록 합시다.

테아이테토스 훌륭한 말입니다. 그리고 그것은 그렇게 해야 합니다.

손님 지금까지 해 온 나눔의 방식에 따라, 이번에도 나는 '모방 d
술'의 두 종류를 보고 있는 것 같습니다. 그러나 우리가 찾고 있는 그 '모습'[63]이 둘 중 어디 안에 있을지 나는 지금 아직 알 수 없는 것으로 보입니다.

테아이테토스 아니 그래도 우선 당신이 그 둘을 나누어서 우리에게 말해 주십시오. 당신이 말하는 그 둘이 무엇인지를.

손님 내가 모방술 안에서 그것의 한 부분으로 보고 있는 것은 '닮은꼴 제작술'입니다. 무엇보다도 누군가가 길이와 폭과 깊이에
있어서 원본의 비율에 따라서 모방물의 생성을 생산할 때 그리 e
고 이에 덧붙여 그것의 각 부분에 맞는 색을 부여할 때, 바로 이 기술이 성립합니다.

테아이테토스 뭐라고요? 뭔가를 모방하는 자들은 모두 그런 것을 행하려고 하지 않나요?

손님 큰 규모의 작품을 주조하거나 그리는 자들은 그렇지 않습니다. 왜냐하면, 만약 그들이 아름다운 원본의 참된 비율을 주게 된다면, 윗부분은 그래야 하는 것보다 작게 그리고 아랫부분은
크게 보일 것이라는 점을 당신은 알고 있으니까요. 우리가 윗부 236a
분은 멀리서, 아랫부분은 가까이서 보니까 말입니다.

테아이테토스 물론입니다.

손님 그러므로 오늘날 장인들은 참된 것은 내버려 둔 채 있는 그대로의 비율이 아니라 아름답게 보이는 비율을 모상들 속에 생산하지 않나요?

테아이테토스 물론입니다.

손님 그럼, 앞에서 말한 다른 모상은 원본과 닮았다는 점에서 '닮은꼴'이라고 불러야 마땅하겠지요?

테아이테토스 예.

b 손님 이것과 관계하는 모방술의 부분은, 앞에서 말했듯이, '닮은꼴을 만드는 기술'이라고 불러야겠지요?

테아이테토스 그렇게 불러야 합니다.

손님 다음은 어떻습니까? 아름답지 않은 관점에서 보기 때문에 아름다운 원본과 닮아 보이는 것, 그러나 그 정도 규모의 큰 것은 충분히 관찰할 수 있는 사람 눈에는, 그것이 닮았다고 주장하는 그것과 전혀 닮지 않는 것을 무엇이라고 부를까요? 실제로 닮아서가 아니라 닮아 보이기 때문에, '유사 닮음'[64]이 아니겠습니까?

테아이테토스 그럼요.

c 손님 이것은 그림 기술에 있어서도 그리고 모방술 전체에 있어서도 상당히 큰 부분 아니겠습니까?

테아이테토스 그렇습니다.

손님 닮은꼴이 아니라 유사 닮음을 생산하는 기술을 우리가 '유사 닮음 제작술'이라 부른다면, 이는 옳게 부른 셈이 될 겁니다.

테아이테토스 아주 확실히 그렇습니다.

손님 닮은꼴 제작술과 유사 닮음 제작술, 이것이 내가 말했던 모상 제작술의 두 종류입니다.

테아이테토스 옳습니다.

손님 이 두 기술 가운데 소피스트를 어디에다 놓아야 하는지에 관해 나는 전에도 결정을 못 내렸는데, 지금도 나는 아직 이 문제에 관해서 뚜렷하게 볼 수가 없습니다. 그는 정말 놀라운 사람 d
이며 식별하기에 매우 어려운 사람입니다. 지금도 그는, 추적할 길을 제공하지 않는 종류 밑으로 훌륭하게 그리고 영리하게 도망쳐 버렸기 때문입니다.

테아이테토스 그런 것 같군요.

손님 당신은 그것을 알고서 동의를 하는 건가요? 아니면 당신은 빠른 동의를 하게끔 논의에 의해 습관이 들어 버렸나요? 마치 쇄도하는 물결에 의해 함께 흔들려 버리듯이 말입니다.

테아이테토스 어떤 의미로 그리고 무엇에 관련해서 그렇게 말하십니까?

손님 친구여, 우리는 전적으로 어려운 탐구 주제 속에 정말로 처해 있습니다. 그렇지 않지만 그렇게 보이거나 그렇게 믿어지는 e
것, 그리고 어떤 것을 말하지만 참이 아닌 것을 말하는 것, 이 모든 것들은 이전 시간에 있어서도 그리고 지금도 당혹스러운 어려움으로 가득 차 있기 때문입니다. 말을 할 때, 거짓이 정말로 있다는 것을 어떤 방식으로 말을 해야 하거나 믿어야 할지는 그리고 이렇게 언표했을 때 모순에 빠지지 않는 것은, 테아이테토
237a 스여, 전적으로 어렵기 때문입니다.

테아이테토스 어째서 그렇죠?

손님 이 진술[65]은 대담하게도, 있지 않은 것이 있다[66]고 가정하고 있습니다. 왜냐하면 거짓은 다른 식으로는 있을 수 없기 때문입니다. 그런데 이 사람아, 위대한 파르메니데스는 아직 우리가 어렸을 때에 처음부터 죽을 때까지, 운문으로도 산문으로도 다음과 같이 항상 말하면서, 이 가정에 반대 증언을 하였습니다.

> 있지 않은 것들이 있다는 것이 결코 강제되지 않도록 하라.
> 오히려 그대는 탐구할 때 이 길로부터 사유를 차단하라.[67]

b 그래서 이것이 그분의 증언이기는 하지만, 이 말 자체가 적절히 시험될 때 이 말의 의미는 무엇보다 특별히 잘 드러나게 될 것입니다. 그러므로 당신이 괜찮다면 우선 이것 자체를 살펴봅시다.

테아이테토스 제가 어떻게 할지는 당신이 원하는 방향대로 하십시오. 하지만 논의와 관련해서는, 가장 훌륭히 논의를 관통하여 전진하는 방향을 고찰하면서 그 길을 당신이 몸소 가십시오. 그리고 나도 이 길을 따라 데려가 주십시오.

손님 그렇게 해야겠군요. 그럼 내게 말해 주세요. "그 어떤 점에서도 있지 않은 것"[68]을 우리는 아마 주저 없이 언표하지요?

테아이테토스 물론입니다.

손님 그럼, 그의 수강생 중 어떤 이가 논쟁 자체를 위해서도 아니 c
고 장난삼아 그러는 것도 아니고 진지한 태도로 생각을 해 보고 다음 문제에 관해서 설명해 주어야 한다고 가정해 봅시다. 즉 '있지 않은 것'이라는 이 이름을 어디에로 적용해야 할지에 관해서 말입니다. 그러면 우리가 보기에 그는 이 이름을 무엇에로 그리고 어떤 것에로 사용할 것 같나요? 그리고 질문하는 자에게 이것을 어떻게 보여 줄 것 같나요?

테아이테토스 어려운 것을 질문하셨군요. 나 같은 사람이 답변하기에는 거의 전적으로 난처하기 짝이 없는 질문입니다.

손님 그러나 '있지 않은 것'은 그 어떤 있는 것들에도[69] 적용되어선 안 된다는 점은 분명합니다.

테아이테토스 어째서 그렇죠?

손님 그것이 있는 것에 적용될 수 없다면, 그것은 '어떤 것'에도 제대로 적용될 수 없을 겁니다.

테아이테토스 어째서죠?

손님 다음과 같은 점은 우리에게 분명합니다. 즉 '어떤 것'이라는 d
이 표현은 있는 것에 대해 항상 사용된다는 것입니다. 말하자면 모든 있는 것들로부터 고립되어 벌거벗겨진 채 그 표현만을 사용하는 것은 불가능합니다. 그렇지 않나요?

테아이테토스 불가능합니다.

손님 '어떤 것'을 말하는 자는 필연적으로 '어떤 하나'를 말한다는 점을 당신이 고찰하기에, 당신은 여기에 동의를 하는 겁니까?

테아이테토스 그렇습니다.

손님 '어떤 것'은 하나의 표지이고, '어떤 짝'은 둘의 표지이고, '어떤 것들'은 여럿의 표지라고 당신이 말을 할 것이기 때문이죠.[70]

테아이테토스 물론입니다.

e 손님 그래서 '어떤 것'이 아닌 것을 말하는 자는 '하나'조차도 전혀 아닌 것을 말한다는 점이 필연적으로 보입니다.

테아이테토스 아주 필연적입니다.

손님 그러면 그런 자는 아무것도 아닌 것을 말하지만 말은 한다는[71] 점, 이 점조차 인정되어서는 안 됩니다. 있지 않은 것을 언표하려고 시도하는 자는 말조차 하는 것이 아니라고 우리가 주장해야 하지 않을까요?

테아이테토스 그렇게 되면 그 진술[72]은 가장 난처한 지경에 이르게 될 겁니다.

238a 손님 아직 큰소리 칠 때가 아닙니다. 친구여, 이 사안들과 관련하여 가장 크고도 으뜸가는 난처한 문제가 여전히 남아 있습니다. 이 문제는 이 사안의 바로 처음[73]과 관련하는 것입니다.

테아이테토스 무슨 말을 하시는지? 어떤 것도 망설이지 말고 말해 주십시오.

손님 있는 것에로, 어떤 다른 있는 것이 덧붙여질 수 있습니다.

테아이테토스 물론입니다.

손님 그런데 있지 않은 것에로, 있는 어떤 것이 덧붙여질 수 있다고 우리는 말을 할 것인가요?

테아이테토스 어떻게 그럴 수가 있나요?

손님 모든 수(數)를 있는 것들에 속하는 것으로 우리는 놓습니다.

테아이테토스 그렇습니다. 수 아닌 다른 것도 있는 것으로 놓는다면 말입니다. b

손님 그러면 이제 수를, 여럿이든 하나이든,[74] 있지 않은 것에 적용하려 들지 맙시다.

테아이테토스 논의가 주장하는 바에 따르면, 우리가 그런 것을 시도하려는 것은 옳지 않은 것으로 보입니다.

손님 어떻게 누군가가 있지 않은 것들 혹은 있지 않은 것을 수와 분리된 채 입으로 언표할 수 있을까요? 아니 심지어 생각으로도 그것을 조금이라도 잡을 수 있을까요?

테아이테토스 무슨 의미입니까?

손님 우리가 '있지 않은 것들'을 말할 때에는, 우리가 여럿의 수를 그것들에 덧붙이려고 시도하는 것이 아닌가요? c

테아이테토스 그렇습니다.

손님 우리가 '있지 않은 것'을 말할 때에는, 하나의 수를 그것에 덧붙이는 것이고요?

테아이테토스 분명히 그렇습니다.

손님 그렇지만 있는 것을 있지 않은 것에 연결시키려 시도하는 것은 정당하지도, 올바르지도 않다고 우리는 주장합니다.

테아이테토스 틀림없는 말입니다.

손님 그러면 당신은, 있지 않은 것이 그 자체로 올바르게 언표될 수도, 말할 수도, 사유될 수도 없다는 점을 이해하십니까? 오히려 그것은 사유될 수도 없고, 말할 수도 없고, 언표될 수도 없고, 말이 안 되는 것[75]이라는 점을 당신은 이해하십니까?[76]

테아이테토스 전적으로 이해합니다.

d 손님 그러면 내가 조금 전에 그것에 관한 가장 큰 난처한 문제를 말한다고 했을 때,[77] 나는 잘못 말한 것이 아닌가요? 우리는 더 심각하게 난처한 문제를 말할 수 있지 않을까요?[78]

테아이테토스 그게 무엇입니까?[79]

손님 놀라운 사람! 당신은 바로 방금 말한 것들로부터 다음과 같은 것을 알아차리지 못합니까? 즉 있지 않은 것은, 누군가가 이것을 논박하려 할 때마다 이 논박자를 또한 난처한 지경에 빠트려서는, 그가 이것과 관련해서 자신과 모순되는 것을 말하도록 강제한다는 사실 말입니다.

테아이테토스 무슨 말인지? 더 분명하게 말해 주세요.

손님 더 분명한 것을 위해서는, 나를 쳐다 볼 필요는 없습니다. e
있지 않은 것은 하나에도, 여럿에도 참여할 수 없다고 내가 상정했을 때, 나는 조금 전에도 그리고 지금도 그것을 하나로서 말을 한 셈입니다. 왜냐하면 내가 '있지 않은 것'이라고 말하고 있기 때문이죠. 이해하시나요?

테아이테토스 예.

손님 그리고 바로 방금 전에 내가 다음과 같이 말했죠. 즉 그것은 언표될 수도 없고, 말할 수도 없고, 말이 안 되는 것이다. 따라오십니까?

테아이테토스 물론입니다. 따라갑니다.

손님 그러면 나는 "~임"[80]을 그것에 덧붙이려고 시도하면서 앞의 239a
말과 모순되는 것을 말한 것이 아닌가요?

테아이테토스 그렇게 보이네요.

손님 다음은 어떤가요? 나는 "~임"[81]을 그것에 덧붙이면서 마치 그것이 하나인 것처럼 대화하지 않았던가요?

테아이테토스 예.

손님 나아가, 그것을 이해 가능하지 않은 것, 말할 수 없는 것, 언표될 수 없는 것이라고 부름으로써 나는 마치 하나에 관해서 그러는 것처럼 말을 만들었습니다.

테아이테토스 물론입니다.

손님 그러나 우리의 주장은 다음과 같습니다. 즉 누군가가 옳게 말을 하려면, 그는 그것을 하나로서도, 여럿으로서도 구분해 내어서는 안 되고, 심지어 '그것'이라고 불러서도 안 된다는 것입니다. 그는 이렇게 부르기만 해도 하나의 형식에 있어서 부르는 셈이 될 테니까 말입니다.

테아이테토스 전적으로 그렇습니다.

b 손님 그러니 나에 대해서 사람들은 무슨 말을 할 수 있겠습니까?[82] 있지 않은 것을 논박하는 일에 있어서 사람들은 나를, 전에도 그리고 지금도, 패배자로서 발견할 테니 말입니다. 그러므로 내가 말했던 것처럼, 있지 않은 것에 대한 올바른 설명을 내가 말하는 것 안에서 찾지 맙시다. 그 대신에, 자, 이제 그것을 당신 안에서 고찰하기로 합시다.

테아이테토스 무슨 말씀이신지?

손님 자, 당신은 젊으므로, 당신이 최대한으로 할 수 있는 한 훌륭하게 그리고 고귀하게 우리를 위해 노력해 주세요. 있지 않은 것에게 존재도, 하나도, 여럿의 수도 덧붙이지 말고, 그것에 관해 올바른 방식으로 뭔가를 언표하도록 시도해 주세요.

c 테아이테토스 당신이 그런 것을 겪는 것을 보고 내 스스로 그것을 시도해야 한다면, 터무니없을 정도로 아주 강력한 욕구가 나를 사로잡아서 그런 시도를 하도록 해야 할 것입니다.

손님 그게 당신 생각이라면, 설명하는 일에서 당신과 나를 빼 줍시다. 그러나 이것을 할 수 있는 어떤 자를 우리가 만나기 전까지는, 소피스트가 전적으로 교활하게도 길 없는 장소로 숨어 버렸다고 말을 합시다.

테아이테토스 확실히 그렇게 보이네요.

손님 그러므로, 그가 유사 닮음을 만드는 어떤 기술을 가지고 있다고 우리가 말한다면, 그는 쉽게 우리의 말 사용[83] 방식에 근거 d
해서 우리를 붙잡아놓고 말의 방향을 반대로 틀어 버릴 겁니다. 우리가 그를 '모상 제작자'라고 부를 경우, 도대체 우리가 말하는 '모상'은 무엇을 뜻하는 것이냐고 그는 우리에게 물어볼 겁니다. 그러니 테아이테토스여, 이런 질문을 하는 이 젊은 친구[84]에게 어떻게 답변해야 할지를 고찰해 보세요.

테아이테토스 우리가 물이나 거울에 비친 모상들, 나아가 그려진 것들과 조각된 것들 그리고 그와 같은 다른 모든 것들을 뜻한다고 말할 것이라는 점은 분명합니다.

손님 테아이테토스여, 당신이 소피스트를 아직 보지 못했다는 점 e
은 분명하군요.

테아이테토스 어째서 그렇죠?

손님 당신에게는 그가 눈을 감고 있거나 혹은 눈을 전혀 갖고 있지 않은 것으로 보일 것입니다.

테아이테토스 무슨 말이신지?

손님 당신이 그에게 이런 대답을 줄 경우에, 즉 당신이 물에 비친 어떤 것이나 주조된 어떤 것을 말할 경우에, 그는 당신의 말을 비웃을 겁니다. 당신이 마치 그가 볼 수 있는 것처럼 그에게 그런 말을 할 경우에, 그는 거울도, 물도, 눈에 보이는 그 어떤 것도 전혀 알지 못하는 양 행동하면서 오직 당신의 말로부터 나오
240a 는 것에 대해서만[85] 당신에게 물어볼 것입니다.

테아이테토스 그게 어떤 것이죠?

손님 당신이 여럿이라고 말했던 이 모든 것들에 두루 걸쳐 있는, 그러나 하나의 이름으로 불릴 만하다고 당신이 생각했던 것입니다. 이 모든 것들이 마치 하나인 것처럼 이것들에 대해서 당신은 '모상'이라고 언표했었지요. 자, 그것을 말하고 자신을 방어하십시오. 이 사람 앞에서 조금도 물러서지 마십시오.

테아이테토스 손님, "참된 것과 비슷하게 만들어진 그와 같은 다른 것"을 제외하고서, 모상을 달리 무엇이라고 말할 수 있겠습니까?

손님 당신은 "그와 같은 참된 다른 것"[86]을 뜻하시나요? 아니면, 어떤 의미로 "그와 같은"이라는 말을 뜻하시나요?

b 테아이테토스 결코 참된 것은 아니지만 이것과 닮은 것입니다.

손님 "참된 것"이라 함은 "정말로 있는 것"을 뜻하시나요?

테아이테토스 그렇습니다.

손님 다음은 어떻습니까? 그러면 참된 것이 아닌 것은 참된 것과 반대되지요?

테아이테토스 물론입니다.

손님 그러므로, 당신이 "닮은 것"으로 뜻하는 것은 정말로 있는

것이 아니군요.[87] 당신이 그것을 "참된 것이 아닌 것"으로 부르는 한에 있어서는 말입니다.

테아이테토스 그러나 그것은 어떤 점에서는 있지요.

손님 하지만 참되게는 아니지요. 당신에 따르면 말입니다.

테아이테토스 참되게는 아니지요. 그것이 정말로 닮은 것이라는 것만[88] 제외한다면.

손님 그러면, 그것은 정말로 있는 것은 아니면서[89] 우리가 "닮은 것"으로 부르는 것으로 정말로 있습니다.[90] 그렇지 않나요?[91]

테아이테토스 있지 않은 것이 있는 것과 어떤 식의 얽힘과 꼬임에 c
의해 결합된 것으로 보이며, 이는 아주 이상한 일입니다.

손님 어찌 이상하지 않을 수 있습니까? 당신이 보다시피, 지금 다시 이런 식의 상호 교차를 통해서 여러 머리를 가진 소피스트는 우리가 원하지 않았는데도 있지 않은 것이 어떤 점에서 있다는 것을 우리가 인정하도록 강제했습니다.

테아이테토스 그렇다는 걸 제가 잘 보고 있습니다.

손님 다음은 어떤가요? 우리가 우리 자신과 모순되지 않고 일치할 수 있으려면, 그의 기술을 무엇이라고 구분해 내어야 할까요?

테아이테토스 어떤 점에서 그리고 어떤 점을 두려워해서 그렇게 말씀하시는 것인지?

손님 그가 유사 닮음을 가지고 우리를 속인다고 그리고 그의 기 d
술은 어떤 속임술이라고 우리가 말을 한다면, 우리의 영혼이 그의 기술의 효과로 인하여 거짓을 믿는다고 우리가 말을 할 것 같습니까? 아니면 달리 어떻게 우리가 말할 수 있을까요?

테아이테토스 바로 그거죠. 다른 어떤 점을 우리가 말할 수가 있겠습니까?

손님 또, 있는 것들과 반대되는 것들[92]을 믿음으로써 거짓 믿음이 있게 되겠죠?[93] 그렇지 않나요?

테아이테토스 그렇습니다. 반대되는 것들을 믿음으로써 그렇게 됩니다.

손님 거짓 믿음이란, 있지 않은 것들을 믿는 것이라고 당신은 말합니까?

테아이테토스 그럴 수밖에 없습니다.

e 손님 그건 있지 않은 것들을 있지 않다고 믿는 것입니까, 아니면 그 어떤 점에서도 있지 않은 것들[94]을 어떤 점에서는[95] 있다고 믿는 것입니까?

테아이테토스 있지 않은 것들[96]은 어떤 점에서는 있어야 합니다. 누군가가 어떤 것에서 조금이라도 거짓되게 믿으려면 말입니다.

손님 어떻습니까? 또한, 전적으로 있는 것들은 그 어떤 점에서도 있지 않다고도 믿겠죠?[97]

테아이테토스 네.

손님 이것 역시 거짓이고요?

테아이테토스 이것 역시 그렇습니다.

손님 내 생각에 진술도 그와 같이 동일한 식으로 간주될 것입니 241a
다. 즉 있는 것들이 있지 않다고 그리고 있지 않은 것들이 있다고 말을 한다면, 그 진술은 거짓으로 간주될 것입니다.

테아이테토스 거짓 진술이 어떻게 다른 방식으로 생겨날 수 있겠습니까?

손님 다른 방식으로는 거의 결코 생겨날 수 없죠. 그러나 이런 것들을 소피스트는 인정하지 않을 것입니다. 지각 있는 사람이라면 대체 어떤 방책으로 이 점을 허용할 수가 있겠습니까? 우리가 이전에 동의했었던 사안들이 언표될 수도 없고, 말할 수도 없고, 사유될 수도 없고, 말이 안 되는 것으로 우리 사이에 확실하게 동의되어 있다면[98] 말입니다.[99] 테아이테토스여, 그가 무슨 말을 하는지, 우리는 이해합니까?

테아이테토스 우리가 믿음과 진술에 거짓이 있다고 대담하게 말을 한다면, 우리는 방금 말했던 것과 모순되게 말하는 것이라고 그가 주장하리라는 점을 어찌 제가 이해 못하겠습니까? 왜냐하
면 우리는 있지 않은 것에 있는 것을 덧붙이도록 자주 강제되기 b
때문입니다. 비록 이것이 모든 것 중에서 가장 불가능한 것으로 우리가 방금 동의했지만 말입니다.

손님 올바르게 기억을 하시는군요. 이제 소피스트에 관해 우리가 무엇을 해야 할지 결정할 시간입니다. 왜냐하면 우리가 그를 거짓을 지어내는 자들 혹은 요술쟁이들의 기술에로 집어넣고서 그

를 추적한다면, 이에 대한 반론과 어려움이 얼마나 쉽게 그리고 얼마나 많이 생기는지를 당신은 아니까 말입니다.

테아이테토스 그렇습니다.

손님 우리는 사실 그것들의 아주 작은 일부분만 고찰했을 뿐입니
c 다. 이것들은 말하자면 무한하니까요.

테아이테토스 사정이 그렇다면 소피스트를 붙잡기란 불가능해 보입니다.

손님 무엇이라고요? 이제 우리가 유약해져서 포기하는 겁니까?

테아이테토스 아니요, 나는 그래서는 안 된다고 주장합니다. 그자를 조금이라도 어떤 식으로 우리가 잡을 수 있다면 말입니다.

손님 그러면 당신은 양해하시겠습니까? 그리고 만족하시겠습니까? 당신이 방금 말했듯이, 그의 그렇게 강력한 논증으로부터 우리가 어떤 식으로 그리고 조금이라도 옆으로 빠져나올 수 있다면 말입니다.

테아이테토스 나는 물론 그럴 겁니다.

d 손님 그러면 당신에게 더 큰 부탁을 하겠습니다.

테아이테토스 어떤 것입니까?

손님 내가 이를테면 부친살해자가 될 것이라고 간주하지 않았으면 합니다.

테아이테토스 뭐라고요?

손님 우리 자신을 방어하기 위해서 우리는 어쩔 수 없이 아버지

파르메니데스의 논증을 비판적으로 검토해야 할 것이고, 그래서 있지 않은 것이 어떤 점에서 있다는 것을 그리고 또한 거꾸로 있는 것이 어떤 식으로 있지 않다는 것을 결론으로 강제해야 할 것입니다.

테아이테토스 그러한 것을 위해 우리의 논증 속에서 우리가 싸워야 하는 것은 분명해 보입니다.

손님 어찌 그게 분명해 보이지 않겠습니까? 속담에서 말하듯, 심
지어 장님한테도 그것은 분명해 보입니다. 왜냐하면 이런 것들 e
이 논박되거나 동의되지 않는다면, 모상이든 닮은꼴이든 모방이든 유사 닮음 자체이든 거짓 진술이나 믿음에 관해 말하는 자는 혹은 저것들과 관계하는 모든 기술에 관해 말하는 자는, 스스로와 모순된 말을 하도록 강제됨으로 인해 비웃음을 사는 일을 피할 수는 거의 없을 것입니다.

테아이테토스 정말 맞는 말입니다.

손님 이 때문에 우리는 이제 아버지의 논증을 감히 공격해야 하 242a
는 것입니다. 그렇지 않고 뭔가 꺼림칙한 생각이 그것을 못하게 방해한다면, 우리는 그것을 완전히 관둬야 합니다.

테아이테토스 그러나 그 어떤 것도 그 어떤 점에서도 우리로 하여금 그 일을 못하게 방해해서는 안 됩니다.

손님 그럼 세 번째로 작은 부탁을 당신에게 하겠습니다.

테아이테토스 말하세요.

손님 나는 조금 전에 말하기를, 이것들에 관한 논박에 있어서 나는 항상 뒷걸음쳐 왔고 지금도 그러고 있다고 말했습니다.

테아이테토스 그렇게 말씀하셨죠.

손님 나는 내가 말한 것으로 인해 내가 당신에게 미친 것으로 보
이지나 않을까 두렵습니다. 내가 한순간에 위로 아래로 내 위치
b 를 바꾸기 때문이죠. 정말이지 당신을 위해서 우리가 그 논증을
논박하려고 시도할 것입니다. 우리가 정말 논박할 수 있다면 말
입니다.

테아이테토스 당신은 그 어떤 점에서도 부적절한 일을 하는 것으로 내게는 보이지 않을 것이기 때문에, 당신이 이 논박과 증명을 시도한다면, 이를 위해 자신감을 갖고 하십시오.

손님 자, 그럼, 그런 위험한 논증의 출발점을 무엇에서부터 시작할까요? 젊은이여, 우리는 무엇보다도 다음과 같은 길을 반드시 밟아야 할 것으로 여겨집니다.

테아이테토스 어떤 길이죠?

c 손님 지금 분명한 것으로 보이는 것들을 먼저 살펴보는 것입니
다. 이것들에 관해서 우리가 혼란에 빠져, 마치 우리가 정확히
판단이라도 한 듯이, 너무 쉽게 서로 동의하는 일이 없도록 말입
니다.

테아이테토스 무슨 말인지 좀 더 명료하게 말해 주세요.

손님 파르메니데스와 그 밖의 모든 이가 있는 것들에 관해서 그

것이 "몇 개인지" 그리고 "어떤 것들인지"를 구분해 내는 결정에 달려들었을 때, 이들은 우리에게 부주의하게 이야기를 했던 것으로 내게 보입니다.

테아이테토스 어떤 점에서죠?

손님 이들 각각은 마치 우리가 아이들인 것처럼 우리에게 어떤 옛이야기를 하는 것으로 내게 보입니다. 그래서 그 중의 한 사람에 따르면, 있는 것들은 세 개이고, 이것들 중 어떤 것들은 때 d
로는 어떤 식으로 서로 싸우지만 또 그리고 나서는 서로 친해져서 결혼을 하고 출산을 해서 아이들을 양육합니다.[100] 그리고 있는 것은 두 개, 즉 습한 것과 마른 것 혹은 더운 것과 차가운 것이라고 말을 하는 또 다른 사람은 이것들을 같이 살게 하고 결혼을 시켜서 내보냅니다.[101] 그러나 우리 엘레아 종족은, 크세노파네스[102] 때부터 그리고 훨씬 그전부터 시작해서, "모든 것들"이라고 부르는 것은 사실 하나[103]라고 이야기를 통해 줄곧 말해 왔습니다. 그런가 하면 몇몇 이오니아 뮤즈들 그리고 나중에는 몇몇 시칠리아 뮤즈들은, 두 견해를 엮는 것이, 그래서 있는 것은 여 e
럿이고 또한 하나라고 그리고 이것은 미움과 사랑에 의해 결합된다고 말하는 것이 가장 안전하다는 점을 알아차렸습니다. 왜냐하면 보다 예민한 뮤즈들의 말에 따르면, 그것은 서로 갈라지면서 언제나 항상 함께 모이기 때문입니다.[104] 그리고 보다 부드러운 뮤즈들은, 그것들이 언제나 항상 그런 식으로 되어 있다는 주장의 긴장을 풀어 줍니다. 이들의 말에 따르면, 모든 것은 순서에 따라 때로는 아프로디테[105]의 영향에 의해 하나이고 서로 친
243a 하기도 하고, 때로는 그것은 어떤 불화에 의해 여럿이고 서로 적대적입니다.[106] 이들 중 누구라도 이 모든 것들에 관해 진실에 맞게 말했는지 혹은 그렇지 않았는지에 관해서는, 그렇게 유명한 옛날 사람들을 그렇게 심하게 비난을 한다는 것은 어려우면서도 부적절한 일입니다. 그러나 이 말은 주장을 해도 책망받지 않을 겁니다.

테아이테토스 어떤 말이죠?

손님 그들은 우리 대중을 너무 낮춰보면서 존중을 하지 않았다는 것입니다. 우리가 그들 말을 따라오고 있는지 아니면 뒤처져 있
b 는지 전혀 신경 쓰지 않으면서 그들 각자는 자신의 말을 끝까지 이끌고 갔으니까 말입니다.[107]

테아이테토스 무슨 말이신지?

손님 그들 중 누군가가, 여럿이든 하나든 둘이든 간에 그것이 "있다." 혹은 "생성되었다." 혹은 "생성된다."라고 언표하면서 말한다면[108] 그리고 또한 더운 것은 찬 것과 섞여 있다고 말한다면 그리고 어딘가 다른 곳에서는 분리와 섞임을 상정한다면, 테아이테토스여, 이것들 중 어떤 것이라도 각각의 경우에 그들이 도대체 뭘 말하는지 당신은 이해하겠습니까? 나로 말할 것 같으면, 내가 젊었을 때 누군가가 지금 우리를 어렵게 하는 바로 이

것, 즉 있지 않은 것을 언급할 때마다, 나는 이것을 정확히 이해한다고 생각했었죠. 그러나 그것과 관련해 우리가 어떤 어려움에 처해 있는지를 당신은 지금 보고 있습니다.

테아이테토스 예, 보고 있습니다. c

손님 아마 있는 것에 관련해서도 우리는 우리 마음속에서 그와 못지않게 동일한 상태를 겪고 있습니다. 누군가가 있는 것을 언표할 때마다 우리는 이것에 관해 별 어려움 없이 이해를 한다고 말을 하고, 있지 않은 것에 관해서는 그렇지 못하다고 말을 합니다. 실은 둘 다에 관련해서 우리는 비슷한 상태에 있는데도 말입니다.

테아이테토스 아마도 그렇습니다.

손님 그래서 우리가 조금 전 언급했던 다른 것들에 관해서도 이와 똑같은 점을 말합시다.

테아이테토스 물론입니다.

손님 당신에게 괜찮다면, 이 여러 가지 것들에 관해서는 또한 나
중에 고찰하기로 합시다. 지금은 가장 중요하고 으뜸이 되는 시 d
초에 관해 고찰해야 합니다.

테아이테토스 무엇에 관해 말씀하시는지? 혹시, 있는 것에 관해 말하는 사람들에 따르면 그들이 무엇을 보여 준다고 생각하는지를 우리가 먼저 추적해야 한다는 것이 당신의 주장이라는 게 분명합니까?

손님 테아이테토스여, 잘 좇아와서 파악했군요. 내 말인즉 우리는 이 지점에서 마치 그들이 여기에 참석해 있는 것처럼 그들에게 다음과 같이 자세히 물어보는 식으로 탐구 방법[109]을 적용해야 한다는 것입니다. "자, 모든 것들[110]은 더운 것과 차가운 것 혹
e 은 그와 같은 종류의 어떤 둘이라고 말하는 여러분! 여러분 모두는, 둘 모두가 그리고 각각이 '있다'고 말할 때, 그 둘에 적용되는 그것을 무엇이라고 언표하는 겁니까? 당신들의 이 "있음"을 우리는 무엇이라고 이해해야 할까요? 그것은 저 둘 이외에 세 번째 것인가요? 그래서 당신들에 따르면 우리는 모든 것을 더 이상 둘이 아니라 셋으로 우리가 놓아야 할까요? 왜냐하면 여러분이 둘 중에서 어느 하나에 대해서든 그것을 '있는 것'이라고 부른다면, 여러분은 양자가 비슷한 방식으로 있다고 말하는 것이 아니니까요. 만일 그럴 경우에는 두 가지 경우 모두에 있어서 둘이 아니라 하나가 있는 것이 되니까 말입니다."[111]

테아이테토스 맞는 말입니다.

손님 "그러나 여러분은 그 둘 모두 있는 것이라고 부르기를 원하죠?"

테아이테토스 아마도 그렇습니다.

244a 손님 우리는 그럼 이렇게 말할 겁니다. "그러나 친구들이여, 그렇다 하더라도 그 두 개는 아주 분명히 하나로 말해질 것입니다."

테아이테토스 아주 옳은 말씀입니다.

손님 "이제 우리가 어려움에 빠졌으므로, 당신들은 그것들에 관해 우리에게 충분히 분명하게 보여 주십시오. 당신들이 '있는 것'이라는 언표를 할 때마다 무엇을 뜻하기를 원하는지 말입니다. 당신들은 오래전부터 이것들에 관해 알고 있었다는 것 그러나 우리는 그 전에는 알았다고 생각했지만 이제 어려움에 처했다는 것은 분명하니까요. 그러므로 먼저 바로 이것에 관해 우리에게 가르쳐 주십시오. 즉 당신들이 말한 것들을 우리가 이해한다고 믿지 않도록, 그리고 사실은 이와 완전히 반대라는 점을 가르쳐 주십시오." 우리가 이렇게 말하면서 이 사람들에게 그리고 모 b
든 것은 하나보다 더 많다고 말하는 모든 다른 이들에게 이 점을 요구한다면, 젊은이여, 우리는 부적절한 말을 하는 게 아니겠지요?

테아이테토스 조금도 그렇지 않습니다.

손님 다음은 어떻습니까? 모든 것은 하나라고 말하는 사람들에게, 그들이 "있는 것"을 무엇이라고 뜻하는지를 우리 능력껏 물어봐야 하지 않겠습니까?

테아이테토스 물론입니다.

손님 그럼 그들이 다음과 같이 질문에 대답하게 합시다. "오직 하나만 있다고 당신들은 주장하나요?" 그들은 "우리는 그렇게 주장합니다."라고 말하겠죠. 그렇지 않나요?

테아이테토스 예.

손님 "그럼 다음은 어떤가요? 당신들은 어떤 것을 "있는 것"이라고 부르죠?"

테아이테토스 예.

c 손님 "이것은 당신들이 '하나'라고 부르는 바로 그것인가요? 그래서 당신들은 동일한 것에 대해서 두 이름을 사용하는 거죠? 아니면 어떤 건가요?"

테아이테토스 손님, 이에 대한 이들의 다음 대답은 무엇인가요?

손님 테아이테토스여, 이런 가정을 놓은 사람으로서는 지금 이 질문 그리고 그와 같은 다른 질문에 대답한다는 것은 무엇보다 쉽지 않다는 게 분명합니다.

테아이테토스 어째서죠?

손님 하나 이외에는 그 어떤 것도 놓지 않는 사람이 두 개의 이름이 있다고 동의하는 것은 아마 아주 우스운 일입니다.

테아이테토스 물론입니다.

손님 나아가, 어떤 이름이 있다고 말하는 사람의 말을 받아들인
d 다는 것은 모든 점에서 말이 안 될 것입니다.

테아이테토스 어떤 점에서 그렇죠?

손님 이름을 사물과 다른 것으로 놓는다면 그는 아마 어떤 둘에 관해서 말하는 겁니다.

테아이테토스 예.

손님 그러나 다른 한편으로 그가 이름을 사물과 같은 것으로 놓

는다고 해 봅시다. 그러면 그는 그것은 아무것도 아닌 것의 이름이라고 말하도록 강제될 겁니다. 혹은, 어떤 것의 이름이라고 그가 말하게 되면, 그 이름은 단지 이름의 이름일 뿐이고 어떤 다른 것의 이름이 아니라는 점이 뒤따를 겁니다.

테아이테토스 그렇습니다.

손님 그래서 "하나"는 하나에 대한 이름이고, 그리고 역으로 하나는 그 이름에 대한 것입니다.[112]

테아이테토스 필연적으로 그렇습니다.

손님 다음은 어떻습니까? 그들은, 전체는 있는 하나[113]와 다른 것으로 말을 하겠습니까, 아니면 이것과 같은 것으로 말을 하겠습니까?

테아이테토스 같은 것으로 말을 할 것이고, 또 실제로 그렇게 말 e
을 합니다.

손님 그럼 그것이 전체라면, 그것은 또한 파르메니데스가 말하듯,

> 모든 방면으로부터 잘 둥글려진 공의 덩어리와 흡사하며, 중앙으로부터 모든 곳으로 똑같이 뻗어 나와 있는 것이다. 왜냐하면 그것이 저기보다 여기에서 조금이라도 더 크다든가 조금이라도 더 작다든가 해서는 안 되기 때문이다.[114]

그렇다면 있는 것은 그런 것이기 때문에, 있는 것은 중심도 그리

고 끝도 가지며, 또 이런 것들을 가지기에 부분들도 가진다는 점은 전적으로 필연적입니다. 아니면 어떻습니까?

테아이테토스 그렇습니다.

245a 손님 그렇지만 부분으로 나뉜 것이 모든 부분들과 관계해서 하나라는 겪음을 가지지 못하도록 그리고 이런 식으로 모든 것이자 전체로 있으면서 하나이지 않도록 방해하는 것은 아무것도 없습니다.

테아이테토스 아무것도 없습니다.

손님 하지만 다른 한편으로, 이런 식으로 하나를 겪는 그것이 바로 하나 그 자체일 수는 없습니다. 그렇지 않습니까?

테아이테토스 왜 그럴 수 없죠?

손님 올바른 설명에 따르면, 진정으로 하나인 것은 전적으로 부분을 갖지 않는 것으로 말해야 합니다.

테아이테토스 그렇게 말해야 합니다.

b 손님 그러나 많은 부분들로 이루어진 그런 종류의 것은 이 설명과 일치하지 않습니다.

테아이테토스 알겠습니다.

손님 그럼, 있는 것은 하나라는 겪음을 가짐으로써 하나이자 전체로 있게 되나요? 아니면 있는 것은 어떤 점에서도 전체가 아니라고 우리가 말해야 하나요?

테아이테토스 어려운 선택을 제시하셨네요.

손님 아주 옳은 말을 하셨습니다. 있는 것이 겪음을 통해 어떤 식으로 하나로 있다면, 그것은 하나와 동일하지 않은 것으로 나타나고, 그래서 모든 것은 하나보다 많아지기 때문입니다.

테아이테토스 예.

손님 그와 반대로, 있는 것이 하나에 의한 겪음을 겪기 때문에 전체가 아니라면, 그러나 전체 자체는 있다면,[115] 있는 것은 자기 자신을 결여한다는 점이 뒤따릅니다. c

테아이테토스 물론입니다.

손님 그래서 이 논증을 따르자면, 있는 것은 자기 자신에 모자라기 때문에 있는 것이 아닐 겁니다.[116]

테아이테토스 그렇습니다.

손님 게다가, 모든 것들은 하나보다 많아질 것입니다. 있는 것과 전체는 각각 따로 자신의 고유한 본성을 취했기 때문이죠.

테아이테토스 예.

손님 그러나 다른 한편으로 전체가 전혀 있지 않다면, 동일한 어려움들이 있는 것에 속하게 됩니다.[117] 그리고 이것은 있는 것이 아닐 뿐만 아니라, 결코 있는 것으로 되지도 않을 것입니다. d

테아이테토스 왜 그렇죠?

손님 되어진 것은 항상 전체로서 되어진 것입니다. 그래서 우리가 하나를 혹은 전체를 있는 것들 안에 놓지 않는다면, 우리는 존재[118]도, 생성도 있는 것으로서 불러서는 안 됩니다.

테아이테토스 전적으로 그런 것 같습니다.

손님 나아가, 전체가 아닌 것은 어떤 점에서도 양을 가질 수가 없습니다. 왜냐하면 어떤 것이 양을 가진다면, 그 양이 아무리 크든 작든지 간에, 그것은 전체로서 그 양을 가질 것이 필연적이기 때문입니다.

테아이테토스 그렇습니다.

e 손님 그래서, 있는 것을 어떤 두 개라고 혹은 단지 하나라고 말하
는 이에게는 수많은 다른 문제들이 각기 무한한 어려움들을 지
니고서 나타날 것입니다.

테아이테토스 지금 나타난 문제들이 이를 거의 분명히 보여 줍니다. 하나의 문제가 다른 문제와 연결되어서, 우리가 앞에서 계속 말했던 것들에 관해서 보다 크고 심한 혼란을 가져옵니다.

손님 그럼, 있는 것과 있지 않은 것에 관해서 정확하게 말을 하는
자들[119] 모두를 우리가 다 검토한 것은 아니지만, 이 정도로 충분
하다고 해 둡시다. 이제 그 다음으로 다른 식으로 말을 하는 자
246a 들을 살펴보아야 합니다. 이는, 있는 것이 무엇인지를 말하는 것
이 있지 않은 것에 비해 결코 더 쉽지 않다는 것을, 이들 모든 진
영으로부터,[120] 우리가 알기 위해서입니다.

테아이테토스 그러면 이제 또한 이자들에게로 나아가야겠군요.

손님 자, 그럼, 이들 사이에는 존재에 관한 서로 간의 논쟁으로 인하여 신들과 거인들의 전쟁[121]과 같은 것이 있는 것 같습니다.

테아이테토스 왜 그렇죠?

손님 한쪽 진영의 사람들은 정말로 손으로 바위와 나무를 움켜잡은 채 모든 것들을 하늘과 보이지 않는 곳으로부터 땅 쪽으로 끌어내립니다. 이들은 그와 같은 모든 것들에 들러붙어서는, 이것, 즉 접촉할 수 있고 부딪칠 수 있는 것만 있다고 강하게 주장합니 b
다. 이들은 물체와 존재를 동일한 것으로 규정하기 때문입니다. 그래서 다른 진영의 사람들 중 누구라도 물체를 가지지 않는 어떤 것이 있다고 말할 것 같으면, 그들은 그를 아주 경멸하면서 어떤 다른 말도 들으려 하지 않습니다.[122]

테아이테토스 정말이지 무서운 사람들을 말씀하시는군요. 꽤 많은 그런 사람들을 저 역시 이미 만나본 적이 있습니다.

손님 바로 그런 이유 때문에, 이들에 반대해서 논쟁하는 사람들은 아주 조심스럽게 어느 높은, 보이지 않는 곳에서부터 스스로를 방어하면서, 진정한 존재는 사유되는 그리고 비물질적인 어떤 형상들이라는 점을 강제합니다.[123] 이들은 반대자들의 물체 c
와 반대자들이 말하는 진리를 자신의 논증 속에서 잘게 분쇄하면서, 그것을 "존재"라고 부르는 대신에 "운동 중에 있는 어떤 생성"이라고 부릅니다. 테아이테토스여, 이들 두 진영 사이에 이 문제들에 관한 끝없는 전쟁이 항상 있어 왔습니다.

테아이테토스 맞습니다.

손님 그럼 두 종족 각각으로부터, 이들이 놓는 존재를 위한 설명을 순서대로 받읍시다.

테아이테토스 그럼 우리가 어떻게 이를 받을 수 있을까요?

손님 존재를 형상들 속에 놓는 자들로부터 설명을 받는 것은 보다 쉽습니다. 이들이 유순하기 때문이죠. 그러나 모든 것들을 물체 쪽으로 힘으로 끌어내리는 자들로부터는 보다 어렵고, 아마
d 도 거의 불가능합니다. 그렇지만 이들에 관해서는 다음과 같이 진행해야 할 것으로 내게 여겨집니다.

테아이테토스 어떻게요?

손님 가장 좋게는, 만약 그게 가능하다면, 이들을 실제에 있어서 보다 좋은 사람들로 만드는 일입니다. 그러나 이게 가능하지가 않다면, 말에 있어서는 좋은 사람들로 만들어 봅시다. 이들이 지금 그러는 것보다 법을 잘 따르는 방식으로[124] 대답하기를 원한다고 가정하면서 말입니다. 보다 좋은 사람들 사이에서 합의된 것이 보다 못한 사람들 사이에서 합의된 것보다 더 큰 권위를 가지니까 말입니다. 그러니 우리는 이들에 대해서는 개의치 말고 진리를 찾도록 합시다.

e 테아이테토스 아주 옳은 말입니다.

손님 그럼 좋은 사람들이 된 이들이 당신에게 대답하도록 이들에게 명령하십시오. 그리고 이들이 말한 것을 전달해 주십시오.

테아이테토스 그러도록 하시죠.

손님 이들로 하여금 말하게 하십시오. 이들이, 사멸하는 어떤 동

물이 있다고 인정하는지 그렇지 않은지.

테아이테토스 물론 있다고 인정합니다.

손님 그것은 영혼을 지닌 신체라는 점에 이들이 동의하지 않나요?

테아이테토스 물론 동의합니다.

손님 영혼을 있는 것들 중의 어떤 것으로 놓으면서 말이죠. 그렇지 않나요?

테아이테토스 예. 247a

손님 다음은 어떤가요? 이들은, 한 영혼은 정의롭지만 다른 영혼은 부정의하다고, 또 한 영혼은 지혜롭지만 다른 영혼은 어리석다고 말하지 않나요?

테아이테토스 왜 아니겠습니까?

손님 그런데 각각의 영혼이 정의롭게 되는 것은, 정의를 소유함으로써 정의가 거기에 현존하기 때문이 아닌가요? 또 그 반대가 되는 것은, 반대의 것을 소유하여 반대의 것이 현존하기 때문이 아닌가요?

테아이테토스 예. 그들은 또한 이 점을 인정합니다.

손님 그러면 그들은 어떤 것에 현존하거나 부재할 능력을 가지는 것[125]은 확실히 어떤 것으로 있다[126]고 말을 할 겁니다.

테아이테토스 그들은 그렇게 말을 합니다.

손님 정의와 지혜와 다른 덕들 그리고 이것들의 반대가 있다면 b

그리고 나아가, 이것들이 그 안에 있게 되는 영혼이 있다면, 이것들 중 어떤 것이라도 볼 수 있거나 만질 수 있다고 그들은 주장합니까, 아니면 모두 볼 수 없다고 주장합니까?

테아이테토스 아마도 이것들 중 그 어떤 것도 볼 수 없다고 주장합니다.

손님 그러한 것들에 관해서는 어떻습니까? 그러한 것들이 어떤[127] 물체를 지닌다고 그들은 주장할까요?

테아이테토스 그들은 이 모든 것에 관해 더 이상 똑같은 식으로
대답하지는 않을 겁니다. 영혼 자체는 어떤 물체를 소유하는 것
으로 그들에게 보인다고 대답할 겁니다.[128] 그러나 지혜나 당신
c 이 물었던 다른 것들 각각으로 말할 것 같으면, 그들은 부끄러움
으로 인하여 이것들이 있는 것들 중 그 이떤 것도 아니라고 과감
하게 동의하지 못하거나 혹은 이 모든 것들이 물체라고 과감하
게 강하게 주장을 못합니다.

손님 테아이테토스여, 우리가 볼 때 이들은 분명히 더 나은 사람들이 되었습니다. 왜냐하면, 이들 중에서 그 씨가 땅에 뿌려져서 땅에서 태어난 자들[129]은 그러한 것들 중 어떤 하나에 대해서도 부끄러워하지 않을 것이기 때문입니다. 이런 자들은, 손으로 꽉 잡을 수 없는 그 어떤 것도 모두 전적으로 결코 있지 않다고[130] 끝까지 주장할 것입니다.

테아이테토스 아마 그들이 생각하는 바를 당신은 말하고 있습니다.

손님 그러면 다시 그들에게 물어봅시다. 아무리 작다 할지라도 d
비물체적인 어떤 것이 있는 것들에 속한다는 점을 그들이 기꺼
이 인정하려 한다면, 그것으로 충분합니다. 왜냐하면, 이렇게 되
면 이것들과 물체를 가지는 것들에게 생겨난 공통적인 본성, 즉
이것들 둘 다 있다고 말할 때 그들이 바라보는 본성이 무엇인지
그들은 진술해야 하기 때문입니다. 아마도 그들은 난처해할 겁
니다. 그들이 그런 것을 겪게 된다면, 그들이 우리의 제안을 기
꺼이 받아들여서 "있는 것"은 다음과 같다는 데 동의를 할지 고
찰해 보십시오.

테아이테토스 그게 어떤 것입니까? 말씀해 주시죠. 그러면 우리가 곧 알게 될 것입니다.

손님 나는 이렇게 말합니다. 즉 어떤 종류의 능력[131]이라도 능력
을 가지는 것은, 그래서 어떤 다른 것—어떤 본성을 가지는 것이 e
든—에 작용을 하는 것이든, 아니면 아주 사소한 것에 의해서라
도, 조금이라도, 단 한 번일지라도 작용을 겪는 것이든, 모두가
전적으로 있습니다. 나는 있는 것들을 구분해 주는 표지[132]로서
다음과 같은 것을 놓습니다. 즉 그것들[133]은 능력 이외에 다른 어
떤 것도 아닙니다.

테아이테토스 그들 자신이 지금 이것보다 더 나은 것을 말할 수 없으므로 그들은 이것을 받아들입니다.

손님 좋습니다. 아마도 나중에 우리와 그들에게 다른 표지가 나

248a 타날 수 있습니다. 지금은 이것이 우리와 그들 사이에 동의된 것으로 해 둡시다.

테아이테토스 그렇게 해 두시죠.

손님 그러면 다른 진영의 사람들, 그러니까 형상의 친구들에게 가봅시다. 그리고 당신은 우리를 위해 또한 이들의 말을 통역해 주세요.

테아이테토스 그러죠.

손님 당신들은 생성을 그리고 존재를 따로 분리해서 말하죠. 그렇지 않나요?

테아이테토스 그렇습니다.

손님 그리고 당신들은 주장하기를, 우리는 신체를 사용해 감각을 통해서 생성과 관계를 맺지만 진정한 존재와는 영혼을 사용해 사유를 통해서 관계를 맺는다고 합니다. 진정한 존재는 항상 동일하게 똑같은 방식으로 있지만 생성은 그때그때마다 다른 상태라고 합니다.

b 테아이테토스 그렇게 우리는 주장합니다.

손님 참으로 훌륭한 자들이여, 당신들이 "관계 맺음"이라는 말을 두 경우 모두에 말할 때, 당신들은 이 말로써 무엇을 뜻한다고 우리가 말해야 할까요? 조금 전 우리가 말한 것이 아닌가요?

테아이테토스 그게 무엇이었죠?

손님 서로 함께 만나는 것들로부터, 어떤 능력의 결과로 생겨나는 겪음 혹은 작용입니다. 테아이테토스여, 아마도 당신은 이에 대한 이들의 대답을 듣지 못할 것입니다. 하지만 나는 이들에 익숙하므로 어쩌면 들을 수 있습니다.

테아이테토스 그렇다면 이들은 어떤 설명을 말하나요?

손님 이들은, 존재와 관련해서 우리가 땅에서 태어난 자들에게 c
조금 전 말했던 점을 우리에게 동의해 주지 않습니다.

테아이테토스 그게 어떤 것이죠?

손님 작용을 겪거나 작용을 행하는 능력이 어떤 것에 조금이라도 있게 되면, 우리는 이를 있는 것들에 관한 충분한 표지로서 놓았죠?

테아이테토스 그렇습니다.

손님 이것에 대해 그들은 다음과 같이 대답합니다. 즉 생성은 작용을 겪거나 그리고 작용을 하는 능력에 관여하지만 이것들 중 그 어떤 능력도 존재에는 어울리지 않는다고 그들은 주장합니다.

테아이테토스 그들의 말에는 뭔가가 있지 않나요?

손님 그 뭔가에 대해서 우리는 그들로부터 좀 더 분명히 알 필요
가 있다고 말해야 합니다. 영혼은 인식을 하지만 존재는 인식되 d
는지에 관해 그들이 동의하는지 말입니다.

테아이테토스 그렇다고 그들은 말합니다.

손님 다음은 어떤가요? 당신들은 인식함 혹은 인식됨을 작용이라고 말하나요? 아니면 겪음이라고 말하나요? 아니면 둘 다인가

요? 아니면 하나는 겪음, 나머지 하나는 작용인가요? 아니면 그 어떤 것도 이 둘 중 그 어떤 것과도 그 어떤 점에서도 관계가 없나요?[134]

테아이테토스 분명히 그 어떤 것도 그 어떤 것과 관계가 없습니다. 그렇지 않다면 그들은 그들의 이전 말과 모순되는 것을 말하게 될 테니까요.[135]

e 손님 알겠습니다. 그들은 다음과 같이 말할 겁니다. "인식함이 일종의 작용이라면, 또한 인식되는 것은 작용을 겪는다는 것이 필연적으로 뒤따릅니다. 이 설명에 따르면, 존재는 인식에 의해서 인식됩니다. 그리고 그것이 인식되는 한, 그것은 겪게 됨으로써 그만큼 운동하게 됩니다.[136] 그런데 이런 일은 정지해 있는 것에게 생겨날 수 없다고 우리가 주장합니다."

테아이테토스 옳습니다.

손님 맙소사, 다음 문제는 어떻습니까? 운동과 삶[137]과 영혼과 지혜가 완전하게 있는 것[138]에 진정으로 현존하지 않는다고 우리가

249a 쉽게 설득될 수 있을까요? 이것이 살아 있지도 생각하지도 않으면서, 그러나 엄숙하고 신성하게, 지성은 가지지 않은 채, 운동하지 않으면서 서 있다고요?

테아이테토스 손님, 만일 그렇게 되면 우리는 아주 놀라운 주장을 인정하게 되는 것입니다.

손님 그러나 그것이 지성은 가지고 있으면서도 삶은 가지고 있지

않다고 우리가 말할 수 있나요?

테아이테토스 우리가 어떻게 그렇게 말할 수 있나요?

손님 그러나 이 두 가지 것이 그것 안에 있다고 우리가 말을 하지만, 그것이 영혼 안에 이 둘을 가진다는 것을 부인할까요?

테아이테토스 어떤 다른 방식으로 그것이 그것들을 가질 수 있나요?

손님 그러나 그것이 지성과 삶과 영혼을 가지고 있고, 그리고 영혼이 그 안에 구비되어 있음에도 불구하고 그것은 전적으로 운동 없이 서 있다고요?

테아이테토스 이 모든 것들은 내게는 말이 안 되는 것으로 여겨집 b
니다.

손님 그래서 우리는, 운동하게 되는 것과 운동은 있는 것들이라고 인정해야 합니다.

테아이테토스 물론입니다.

손님 테아이테토스여, 따라서 다음과 같은 것이 뒤따릅니다. 즉 만약 있는 것들이 운동하지 않는 것이라면,[139] 어떤 것 안에도 어떤 것과 관련해서도 어디에서도 지성은 없습니다.

테아이테토스 바로 그렇습니다.

손님 그리고 다른 한편으로 만약 모든 것들이 옮겨지고 운동하게 되는 것이라고 우리가 인정하면, 우리는 이런 말에 의해서도 동일한 이 지성을 마찬가지로 있는 것들로부터 배제하게 될 것입니다.

테아이테토스 왜 그렇죠?

c 손님 동일하게 그리고 같은 방식으로 그리고 동일한 것과 관련하는 것이 정지와 분리될 수 있다고 당신에게 여겨지나요?

테아이테토스 결코 그럴 수 없습니다.

손님 다음은 어떻습니까? 이것들 없이도 지성이 어딘가에 있을 수 있거나 생성될 수 있는 것을 당신은 보나요?

테아이테토스 조금도 그렇지 않습니다.

손님 그렇다면, 앎과 지혜와 지성을 제거하면서도 뭔가에 관하여 어떤 식으로 강하게 주장하는 자가 있으면 이자에 대항해서 모든 말을 동원하여 싸워야 합니다.

테아이테토스 확실히 그렇습니다.

손님 이런 모든 것들을 존중하는 철학자라면 그는 바로 이런 것들 때문에, 만물[140]을 하나의 형상으로 혹은 여럿 형상들로 보면

d 서 만물이 정지되어 있음을 주장하는 자들의 말을 받아들이지 않아야 할, 그리고 다른 한편으로 있는 것을 모든 방향으로 운동하게 하는 자들의 말을 전혀 경청하지 않아야 할 모든 필연적인 이유가 있는 것으로 보입니다. 대신에 그는, 둘 다를 원하는 아이들의 소망이 그러하듯이, 있는 것과 만물은 둘 다라고, 즉 운동되어지지 않는 모든 것과 운동되는 모든 것이라고 말해야 합니다.

테아이테토스 참으로 맞는 말입니다.

손님 어떻습니까? 우리가 있는 것을 말로써 이제는 제대로 아우른 것으로 보이지 않습니까?

테아이테토스 물론입니다.

손님 이런, 아뿔싸![141] 테아이테토스여, 내가 보기에 있는 것에 관한 탐구에 속하는 어려움을 우리는 이제야 알 것 같으니 말입니다.

테아이테토스 어째서 그렇죠? 무슨 말씀을 하시는지요? e

손님 복 받은 친구여, 당신은 알아차리지 못하나요? 우리가 있는 것에 관해 지금 큰 무지에 빠져 있으면서도 그것에 관해 우리가 무언가를 말하고 있는 것으로 우리 스스로에게 보인다는 점을 말입니다.

테아이테토스 나에게는 정말 그렇게 보입니다. 그런데 어떻게 해서 우리가 슬며시 이런 상태로 되었는지, 나는 전혀 이해를 못하겠습니다.

손님 이제 우리가 이런 점들에 동의한다면, 만물은 뜨거움과 차 250a
가움이다[142]라고 주장하는 자들에게 우리 자신이 이전에 제기했던 바로 그 질문들이 우리에게 정당하게 제기될 수 있을지, 더 분명하게 고찰하십시오.

테아이테토스 그 질문들은 어떤 것이었죠? 기억나게 해 주세요.

손님 물론입니다. 그때 그들에게 질문했던 것처럼 당신에게 질문을 함으로써 기억나게 해 볼 것입니다. 이를 통해 우리가 얼마라도 함께 전진을 하기 위해서 말입니다.

테아이테토스 옳습니다.

손님 자, 그럼, 운동과 정지는 서로 간에 가장 반대된다고 당신은 말하지 않나요?

테아이테토스 물론입니다.

손님 그렇지만 이 둘 모두는 그리고 각각은 있다고 당신은 말하죠?

b 테아이테토스 나는 그렇게 말합니다.

손님 그것들이 있다고 당신이 인정한다면, 이 둘 모두는 그리고 각각은 운동한다고 당신은 말하나요?

테아이테토스 결코 그렇게 말하지 않습니다.

손님 그러나 당신이 그것들 둘 다 있다고 말할 때에는 그것들이 정지해 있다고 당신은 의미하는 것입니까?

테아이테토스 어찌 그럴 수 있겠습니까?

손님 그러면 당신은, 정지 및 운동이 있는 것에 의해 포괄된다는 이유로, 있는 것을 이것들 옆에 있는[143] 어떤 세 번째 것으로 당신 영혼 안에 놓는 것입니까? 당신이 그 둘 다가 있다고 그렇게 말했던 것은, 당신이 그 둘을 함께 취해서 그것들과 존재와의 결합[144]에 주목하기 때문인가요?

c 테아이테토스 우리가 운동과 정지가 있다고 말할 때 있는 것은 어떤 세 번째 것이라는 예감이 정말 드는 것 같습니다.

손님 따라서 있는 것은 운동과 정지 동시에 둘 다가 아니고, 이것들과는 다른 어떤 것입니다.

테아이테토스 그런 것 같습니다.

손님 따라서 있는 것은 자신의 본성상 정지해 있지도, 운동하지도 않습니다.

테아이테토스 아마도 그렇습니다.

손님 있는 것과 관련하여 무언가 분명한 것을 자신을 위해 확립하려고 원하는 사람은 자신의 생각을 어디에로 돌려야 할까요?

테아이테토스 어디에로 돌려야 하나요?

손님 내 생각에 쉽게 돌릴 만한 곳은 여전히 없습니다. 왜냐하 d
면, 어떤 것이 운동하지 않는다면, 그것이 어떻게 정지해 있지 않을 수 있겠습니까? 혹은, 결코 정지해 있지 않은 것이 어떻게 운동하지 않을 수 있겠습니까? 그러나 있는 것은 지금 우리에게 이 양자 바깥에 있는 것으로 나타났습니다. 이것이 가능합니까?

테아이테토스 모든 것 중에서 가장 불가능합니다.

손님 그러면 우리는 이 문제들에서 다음과 같은 것을 마땅히 기억해야만 합니다.

테아이테토스 어떤 것이죠?

손님 있지 않은 것이라는 이름을 우리가 어디에 적용시켜야 할지에 관해서 질문을 제기 받았을 때 우리는 큰 어려움에 처했다는 사실 말입니다. 기억하시나요?

테아이테토스 물론입니다.

e 손님 그러면 있는 것과 관련해서는 그보다 작은 어떤 어려움에
우리가 이제 처해 있는 걸까요?

테아이테토스 손님, 내가 보기에 우리는 더 큰 어려움에 처해 있
는 것으로 보입니다. 그렇게 말하는 것이 가능하다면 말입니다.

손님 이제 여기서 이것으로 우리의 어려움을 다 보여 준 것으로
해 둡시다. 그런데 있는 것과 있지 않은 것 양자가 동일하게 어
려움을 나누어 가지므로, 이제 희망이 있습니다. 즉 둘 중의 어
느 하나가 보다 분명히 혹은 보다 흐릿하게 밝혀진다면, 나머지
251a 하나도 그런 식으로 밝혀지리라는 희망 말입니다. 그러나 다른
한편으로 우리가 둘 중 어느 것 하나라도 볼 수 없다면, 우리는
논증의 길로써 우리가 할 수 있는 가장 적절한 방식으로 동시에
양자를 뚫고 나갈 것입니다.[145]

테아이테토스 좋습니다.

손님 그러면, 어떤 방식으로 동일한 것에 대해 우리가 그때마다
여러 이름으로 부르는지 말해 봅시다.

테아이테토스 이를테면 어떤 것이죠? 예를 들어 주세요.

손님 우리는 한 사람에 대해 확실히 여러 이름들로 부르면서 말
합니다. 즉 우리는 그에게 색과 형태와 크기와 악덕과 덕 그리고
b 그와 같은 다른 수많은 이름들을 부여하면서, 그가 사람이라고
말할 뿐 아니라 그가 또한 좋다 혹은 셀 수 없을 정도로 많은 그

와 같은 다른 것들이라고 말을 합니다. 그리고 동일한 설명이 다른 것들에게도 그런 식으로 적용됩니다. 즉 우리는 각각의 것이 하나라고 상정하면서도 재차 그것을 여럿이라고 부르고 또 여러 이름들로 부릅니다.

테아이테토스 맞는 말씀입니다.

손님 바로 이런 이유 때문에 우리는 젊은이들과 늦게 배운 노인들[146]에게 만찬을 마련해 준 것으로 나는 생각합니다. 왜냐하면, 여럿이 하나이고 하나가 여럿이라는 것이 불가능하다고 즉시 반대하는 일은 이들 중 누구에게도 쉬운 일이기 때문입니다. 또한 이들은, "사람이 좋다."가 아니라 "좋은 것이 좋다." 혹은 "사람 c
이 사람이다."[147]라고만 말하도록 허용하는 것을 확실히 즐기기 때문입니다. 테아이테토스여, 내 생각으로는 당신은 이런 것들에 열중하는 사람들을 종종 만나는데, 때때로 이들은 나이 먹은 사람들입니다. 이런 사람들은 가진 지혜가 부족해서 이런 것들에 놀라워하고 바로 이런 것에서 또한 어떤 대단한 지혜를 발견했다고 생각합니다.

테아이테토스 물론입니다.

손님 우리의 논의가, 존재에 관하여 어떤 식으로든지 한 번이라
도 서로 논의했던 모든 사람들에게 향할 수 있도록, 이들 및 이 d
전에 우리가 함께 논의했던 모든 자들을 상대로 해서 우리가 이제 이야기할 것을 마치 질문을 하는 것처럼 하도록 합시다.

테아이테토스 어떤 종류의 질문인가요?

손님 우리는 존재를 운동과 정지에 연결시키지도, 그리고 그 어떤 것도 그 어떤 것에 연결시키지도 않고, 그것들을 다른 것들과 섞이지도 않고 다른 것들을 나누어 가질 수도 없는 것으로 우리의 논의 안에서 놓을까요? 아니면, 모든 것들을 동일한 한 곳으로 가져와서, 서로 결합할 수 있는 것이 되게끔 할까요? 아니면, 어떤 것들은 결합할 수 있지만 어떤 것들은 그럴 수 없는 것입니
e 까? 테아이테토스여, 이것들 중에서 어떤 것을 이들이 선택하리라고 우리가 말할까요?

테아이테토스 이 질문에 대해 나로서는 이들을 대신해서 아무 대답도 못하겠군요.

손님 그럼 왜 당신은 이 질문들에 하나하나씩 대답하면서 각각으로부터 나오는 결과들을 살펴보지 않습니까?

테아이테토스 좋은 제안입니다.

손님 그러면, 당신이 원한다면, 먼저 다음과 같은 것을 그들이 말하는 것으로 놓을까요? 즉 그 어떤 것도 그 어떤 것과 결합해서 그 어떤 것이 되는 능력을 전혀 가지고 있지 않다고 말입니다. 따라서 운동과 정지 둘 다는 결코 존재의 몫을 나누어 가지지 않겠죠?

252a 테아이테토스 나누어 가지지 않습니다.

손님 이 둘 중 어느 것이라도 존재와 결합하지 않는다면, 그것이

있게 되나요?

테아이테토스 있게 되지 않습니다.

손님 이 동의에 의해 갑자기 모든 주장들, 즉 모든 것을 운동하게끔 하는 자들의 주장이나 모든 것을 하나로서 정지하게끔 하는 자들의 주장이나 있는 것들은 형상에 따라서 항상 동일하게 똑같은 방식으로 있다고 말하는 자들의 주장이 한꺼번에 뒤집혀진 것 같습니다. 왜냐하면 이들은 모두 있음을 결부시켜서는, 어떤 이들은 모든 것이 진정으로 운동하고 있다고, 또 다른 이들은 모든 것이 진정으로 정지해 있다고 말하기 때문입니다.[148 149]

테아이테토스 그렇습니다.

손님 그리고 나아가 어떤 때에는 모든 것들을 모으고 어떤 때에는 나누는 모든 사람들은, 그들이 무한한 것들[150]을 하나에로 모으고 하나로부터 나누든, 혹은 모든 것들을 한계[151]를 지니는 요소들에로 나누고 그리고 이 요소들로부터 모으든지 간에, 그리고 두 번째 사람들 중에서도 어떤 자는 이 나눔과 모음이 시간적 교대로 일어난다고 놓든[152] 아니면 교대 없이 지속적으로 일어난다고 놓든지[153] 간에, 만약 아무런 섞임이 없다면 이들은 이 모든 주장들과 관련해서 아무것도 아닌 것을 말하게 되는 셈입니다. b

테아이테토스 옳습니다.

손님 나아가, 그 어떤 것도 다른 것의 속성과의 결합을 통해서 이 다른 것의 이름으로 불리는 것을 허용하지 않는 사람들이 있는데, 이들 자신은 모든 사람들 중 가장 우스운 방식으로 자신의 주장을 쫓아갈 자들입니다.

c 테아이테토스 어째서 그렇죠?

손님 이들은 모든 것들에 관련해 "있음", "따로", "다른 것들로부터", "그 자체로" 그리고 다른 이와 같은 수많은 다른 말들을 사용하도록 강제됩니다. 이들은 이런 말들을 쫓아내거나 자신들의 논의 속에서 이런 말들을 결부시키지 않을 정도의 힘은 없기 때문에 다른 논박자를 필요로 하지 않습니다. 이들은 적과 반대자를 말하자면 "집 안에" 가지고 있습니다. 즉 이들은 어디를 갈 때 자기 안에서 숨어서 목소리를 내는, 마치 저 이상한 에우뤼클레스[154]를 항상 데리고 다닙니다.

d 테아이테토스 당신 말은 정말 비슷하며 진실입니다.

손님 다음은 어떻습니까? 그러면 모든 것들이 서로 결합하는 능력을 가진다고 허용할까요?

테아이테토스 이것은 저 자신도 논박할 수 있습니다.

손님 어떻게요?

테아이테토스 운동과 정지가 서로가 서로에게 덧붙여진다면, 운동 자체가 전적으로 정지하게 되고, 또한 정지 자체도 전적으로 운동하게 될 것입니다.

손님 그렇지만 운동이 정지하고 정지가 운동하는 것, 이것은 가장 필연적인 이유들에 의해 불가능한 것이죠?[155]

테아이테토스 물론입니다.

손님 그럼 세 번째 가능성만이 남습니다.

테아이테토스 예.

손님 그래서, 모든 것들은 섞이려 하거나, 혹은 어떤 것도 어떤 것과 섞이려 하지 않거나, 혹은 일부는 그렇고 일부는 그렇지 않다는 것, 이 세 가지 중에서 하나는 필연적으로 사실입니다. e

테아이테토스 물론입니다.

손님 처음 두 가지는 불가능하다는 것이 발견되었습니다.

테아이테토스 예.

손님 따라서 올바로 답변을 하기를 원하는 자라면 누구라도 이 셋 중 남는 것을 놓을 것입니다.

테아이테토스 확실히 그렇습니다.

손님 어떤 것들은 섞이려 하고 또 어떤 다른 것들은 그렇지 않다는 점을 볼 때, 이것들은 철자들이 겪는 것과 거의 마찬가지입니 253a
다. 철자들도 어떤 것들은 다른 것들과 어울리지 않고 또 어떤 것들은 다른 것들과 어울리기 때문입니다.

테아이테토스 물론입니다.

손님 모음들은 다른 것들과 달리 마치 끈과 같은 것이라서 모든 것들을 관통해 있습니다. 그래서 모음들 중 어느 하나가 없다면 나머지 것들 중 그 어떤 다른 것도 다른 것과 어울릴 수 없게 됩니다.

테아이테토스 확실히 그렇게 됩니다.

손님 그러면 어떤 것이 어떤 것과 결합할 수 있는지를 누구라도 다 아는 겁니까, 아니면 이를 제대로 하기를 의도하는 자는 기술이 필요한 겁니까?

테아이테토스 기술이 필요합니다.

손님 어떤 기술이죠?

테아이테토스 철자술[156]입니다.

b 손님 다음은 어떤가요? 높고 낮은 소리도 이와 마찬가지 아닌가요? 서로 섞이는 소리와 그렇지 않은 소리를 인식하는 기술을 가진 자는 음악을 아는 자이고, 이를 이해하지 못하는 자는 음악을 모르는 자이지요?

테아이테토스 그렇습니다.

손님 또한 다른 기술들 그리고 기술이 부족한 것들에도 우리는 그와 같은 것을 발견할 것입니다.

테아이테토스 물론입니다.

손님 다음은 어떻습니까? 우리는 유(類)들[157]이 똑같은 식으로 서로와 결합한다고 동의했습니다. 그렇다면, 어떤 유들이 어떤 유들과 서로 어울리고 어떤 것들이 서로를 받아들이지 않는다는 것을 올바로 보여 주려 의도하는 자는, 어떤 앎과 함께 논증들을
c 통과하는 것이 반드시 필요하지 않나요? 특별히, 모든 것들을 관통해서 함께 붙들어 줌으로써 그것들이 서로 섞일 수 있도록

해 주는 것들이 있다면, 또 분리의 경우에도 전체를 관통하면서 분리의 원인이 되는 다른 것들이 있다면, 그런 것이 반드시 필요하지 않나요?

테아이테토스 물론 앎이 필요합니다. 그것도 거의 아마 가장 중요한 앎 말입니다.

손님 테아이테토스여, 이제 이 앎을 무엇이라 부를까요? 맙소사! 우리는 우리도 모르게 자유인의 앎의 영역으로 들어왔나요? 그래서 처음에는 소피스트를 찾았지만 철학자를 우연히도 발견한 셈인가요?

테아이테토스 무슨 말씀인지?

손님 유(類)에 따라서 분리하고 동일한 형상을 다른 것으로 간주 d
하지 않고 다른 형상을 동일한 것으로 간주하지 않는 것, 이것은 변증술(辨證術)의 앎에 속한다고 우리가 말하지 않나요?

테아이테토스 예, 그렇게 말을 할 것입니다.

손님 그렇다면 이 앎을 행할 수 있는 자는 하나의 형상[158]이 많은—각각 하나가 따로 떨어져 놓여 있는—것들을 관통하여 모든 곳에 퍼져 있음을 그리고 서로 다른 많은 형상들이 하나의 형상에 의해 바깥으로부터 둘러싸여 있음을 분명하게 지각합니다. 또 그는 다른 한편으로, 하나의 형상이 많은 전체들을 관통하여 하나 속에서 함께 합쳐져 있음을 그리고 많은 형상들이 전적으로 분리되어 구별돼 있음을 분명하게 지각합니다. 이것이, 그것

e 들 각각이 어떻게 서로 결합할 수 있고 또 그럴 수 없는지를 유
에 따라서 분리할 줄 아는 것[159]입니다.[160]

테아이테토스 전적으로 그렇습니다.

손님 그러나 내 생각으로는, 당신은 순수하게 그리고 정당한 방식으로 철학을 추구하는 사람 이외에 다른 누구에게도 이 변증술을 허락하지 않을 것입니다.

테아이테토스 어떻게 다른 사람에게 허락할 수 있나요?

손님 우리가 철학자를 찾는다면, 우리는 지금이나 이후에도 이
254a 런 어떤 장소에서 그를 발견하게 될 것입니다. 소피스트와 마찬
가지로 철학자를 분명하게 바라보는 것은 어렵지만, 소피스트에
관한 어려움과 철학자에 관한 어려움은 다른 방식입니다.

테아이테토스 어떻게요?

손님 있지 않은 것의 어둠 속으로 도망가서 요령만으로 어둠에 익숙해 있는 소피스트는, 이 장소의 어둠 때문에 식별하기가 어렵습니다. 그렇지 않나요?

테아이테토스 그런 것 같습니다.

손님 이에 반해, 언제나 추론을 통해서 존재[161]의 형상에 전념하
b 는 철학자는 또한 그 장소의 밝음 때문에 결코 쉽게 보이지가 않
습니다. 많은 사람들의 영혼의 눈은 신적인 것을 쳐다보는 일을
계속 지탱할 수 없기 때문입니다.

테아이테토스 이 경우도 소피스트의 경우에 못지않게 그런 것 같

습니다.

손님 그렇다면 철학자에 관해서는 곧 보다 분명히 탐구할 것입니다. 우리가 원한다면 말입니다. 그러나 소피스트에 관해서는, 이 자를 우리가 충분히 볼 때까지 놓아주지 않아야 한다는 것은 명백합니다.

테아이테토스 훌륭한 말입니다.

손님 그렇다면, 유(類)들 가운데 어떤 것들은 서로 결합하려 하지만 어떤 것들은 그렇지 않다는 데에, 그리고 어떤 것들은 적은 수의 것들과 결합하려 하지만 어떤 것들은 많은 수의 것들과 결합하려 한다는 데에, 그리고 어떤 것들은 또한 모든 것들을 관통해서 모든 것들과 결합함에 있어서 아무런 방해를 받지 않는다는 데에 우리가 합의를 보았으므로, 이제 다음과 같이 고찰함으로써 논의를 진전시킵시다. 즉 많은 수들로 인해 우리가 혼란을 c
겪지 않도록 모든 형상들에 관해 고찰하지 말고 아주 중요한 것으로 언급되는 몇 개만을 선택합시다.[162] 그래서 우선 이것들 각각이 어떤 것인지, 그리고 다른 것들과 결합하는 이것들의 결합 능력이 어떤 것인지 고찰합시다. 있는 것과 있지 않은 것에 관해 완전히 명료하게 파악할 수는 없다 하더라도, 지금 탐구의 방식이 허용하는 한에 있어서 최소한 이것들에 관한 설명이 우리에게 부족해지는 일이 없도록 말입니다. 그래서 우리가 다음과 같이 말하더라도 우리가 무사하게 빠져나가는 것이 우리에게 어떤 d

식으로 용인되어 있는지를 봅시다. 즉 "있지 않은 것이 있지 않은 것으로서 진정으로 있다."[163]라고 말입니다.

테아이테토스 그렇게 해야만 합니다.

손님 유(類)들 중에서 우리가 조금 전 쭉 살펴보았던 것들, 즉 있는 것 자체 그리고 정지 그리고 운동이 아주 중요합니다.[164]

테아이테토스 그렇습니다.

손님 그런데 둘은 서로 섞이지 않는다고 우리는 말합니다.

테아이테토스 확실히 그렇습니다.

손님 그런데 있는 것은 둘과 섞입니다. 둘 다 있기 때문이죠.

테아이테토스 물론입니다.

손님 그것들은 셋으로 되는군요.

테아이테토스 물론입니다.

손님 그렇다면 이것들 각각은 나머지 둘과 다른 것이지만, 자기 자신과 동일한 것입니다.

e 테아이테토스 그렇습니다.

손님 그런데 우리가 지금 말한 "동일한 것" 그리고 "다른 것"은 도대체 무엇입니까? 이것들 자체는 나머지 셋과는 다른, 그러나 항상 필연적으로 이것들과 섞이는, 어떤 두 유(類)인가요? 그래
255a 서 우리는 그것들에 관해서 셋이 아니라 다섯 개가 있는 것으로 고찰해야 하나요? 아니면 우리가 바로 이 "동일한 것"과 "다른 것"이라는 말로써 저 세 개 중의 어떤 것을 우리 자신도 모르게

이름 부르게 되나요?

테아이테토스 아마도요.

손님 그러나 확실히 운동과 정지는 다른 것도 아니고 동일한 것도 아닙니다.[165]

테아이테토스 어째서 그렇죠?

손님 우리가 운동과 정지에 관해 공통으로 부르는 것, 이것은 둘 중 어떤 것일 수도 없습니다.

테아이테토스 왜죠?

손님 그렇게 되면 운동은 정지하고 정지 또한 운동하게 될 것입니다. 둘에 관해서는, 둘 중 어느 하나라도 나머지 다른 것이 되어 버리면, 그것은 이 다른 것으로 하여금 자신의 본성과 반대쪽으로 변화하도록 강제하기 때문입니다. 이것은 반대의 몫을 나 b
누어 가지게 되니 말입니다.

테아이테토스 물론입니다.

손님 그러나 이 둘은 동일한 것과 다른 것의 몫을 나누어 가집니다.

테아이테토스 예.

손님 그러니 운동은 동일한 것 혹은 다른 것이라고 말하지 맙시다.[166] 그리고 정지는 동일한 것 혹은 다른 것이라고 말하지 맙시다.

테아이테토스 그렇게 말하면 안 됩니다.

손님 그럼, 우리는 있는 것과 동일한 것을 하나의 어떤 것으로 생각해야 하나요?

테아이테토스 아마도요.

손님 그러나 "있는 것"과 "동일한 것"이 어떤 차이도 없는 것을 뜻
c 한다면, 다시 운동과 정지가 또한 둘 다 있다고 우리가 말을 함으로써 이 둘을 있는 것으로서[167] 동일한 것으로 부르게 됩니다.

테아이테토스 그러나 이는 불가능합니다.

손님 따라서 동일한 것과 있는 것이 하나라는 것은 불가능합니다.

테아이테토스 아마도 그렇습니다.

손님 그럼 이 세 형상들에 덧붙여서 동일한 것을 네 번째 형상으로 놓을까요?

테아이테토스 물론입니다.

손님 다음은 어떤가요? 그러면 다른 것을 우리가 다섯 번째로 놓을까요? 아니면, "다른 것"과 "있는 것"은 하나의 유(類)에 대한 어떤 두 이름이라고 우리는 생각해야만 할까요?

테아이테토스 아마도요.

손님 있는 것들 중에서, 어떤 것들은 항상 그 자체로 말해지고 그리고 또 어떤 것들은 항상 다른 것들과 관계해서 말해진다는 점에 당신은 동의할 것으로 내게는 생각됩니다.

테아이테토스 왜 아니겠습니까?

d 손님 다른 것은 항상 다른 것과 관계합니다.[168] 그렇지 않나요?

테아이테토스 그렇습니다.

손님 만약 있는 것과 다른 것이 전혀 차이가 없다면, 그렇게 되

지 않을 것입니다. 만약 다른 것이, 있는 것이 그러는 것처럼, 두 형상[169] 모두의 몫을 나누어 가지게 되면, 다른 것들 가운데 다른 것과 관계하지 않는 다른 것이 되는 것이 때로는 있게 될 것입니다. 그러나 지금 우리에게 단적으로 드러난 결론은 다음과 같은 것입니다. 즉 다른 것은, 그것이 무엇이든, 필연적으로 다른 것과 관련해서 바로 그런 것이라는 점입니다.

테아이테토스 당신이 말한 대로 되어 있습니다.

손님 그러면 우리는 다른 것의 본성은 우리가 선택한 형상들 중 다섯 번째 것이라고 말해야 합니다.

테아이테토스 예. e

손님 그리고 우리는 이 본성이 그것들 모두를 관통하고 있다고 주장할 것입니다. 왜냐하면 각 하나는, 자신의 본성 때문이 아니라 다른 것이라는 형상의 몫을 나누어 가지기 때문에 나머지 것들과 다른 것입니다.

테아이테토스 바로 그렇습니다.

손님 그럼 다음과 같이 다섯 개에 관해서 하나하나씩 취하면서 말해 봅시다.

테아이테토스 어떻게요?

손님 우선, 운동은 정지와 전적으로 다른 것이죠? 아니면, 우리가 어떻게 말할까요?

테아이테토스 그렇습니다.

손님 그러므로 운동은 정지가 아닙니다.

테아이테토스 결코 아닙니다.

256a 손님 그러나 운동은 있는 것의 몫을 나누어 가지기 때문에 어쨌든 있습니다.

테아이테토스 있습니다.

손님 다른 한편으로, 운동은 동일한 것과 다른 것입니다.

테아이테토스 그렇겠죠.

손님 그러므로 운동은 동일한 것이 아닙니다.

테아이테토스 아닙니다.

손님 그러나 운동은 확실히 동일한 것이었습니다. 모든 것들이 동일한 것의 몫을 나누어 가지기 때문이죠.

테아이테토스 물론입니다.

손님 그러면 우리는, 운동은 동일한 것이자 동시에 동일한 것이 아니라는 것을 거리낌 없이 인정해야 합니다. 왜냐하면, 그것이 동일한 것이고 동일한 것이 아니라고 우리가 말할 때에는 같은
b 의미로 말을 하는 것이 아니기 때문입니다. 우리가 그것을 동일한 것이라고 말할 때에는, 자신과 관련해서 동일한 것의 몫을 나누어 가지기 때문에 그렇게 말을 하는 것입니다. 또 우리가 그것을 동일한 것이 아니라고 말할 때에는, 다른 것과의 결합 때문에 그렇게 말을 하는 것입니다. 다른 것과의 이 결합으로 인하여 운동은 동일한 것과 분리됨으로써 동일한 것이 아니라 다른 것이

되었습니다. 그래서 운동은 다시금 동일한 것이 아니라고 말하는 것은 옳게 말하는 것입니다.

테아이테토스 물론입니다.

손님 그렇다면 만약 운동 자체가 어떤 식으로 정지를 나누어 가진다면, 운동이 정지해 있다고 불러도 이상하지 않겠죠?[170]

테아이테토스 아주 옳습니다. 유(類)들 중 어떤 것들은 서로 섞이려 하지만 어떤 것들은 그렇지 않다는 점에 우리가 동의할 것 같으면 말입니다.

손님 정말로 우리는 이 점에 대한 증명을, 지금 논의에 대한 증명 c
이전에 완수했었습니다. 그때 우리는 그런 점이 그것들의 본성이라고 검토를 통해 보여 주었습니다.

테아이테토스 물론입니다.

손님 다시 말합시다. 운동은 동일한 것과 정지와 다른 것이었던 것처럼, 운동은 다른 것과 다른 것입니다.

테아이테토스 필연적입니다.

손님 그렇다면 지금 논의에 따르면 운동은 어떤 점에서 다른 것이 아니기도 하고 다른 것이기도 합니다.

테아이테토스 맞습니다.

손님 그럼 이 다음 것은 어떻습니까? 운동이 세 유(類)들과는 다
르다고 우리가 주장하지만 네 번째 것과는 다르지 않다고 주장할 d
까요? 그것들에 관해서 그리고 그것들 안에서 우리가 고찰하려

고 제안했던 것들은 다섯 개라는 데 우리는 동의한 바 있습니다.

테아이테토스 물론입니다. 그 수가 지금 드러난 수보다 작다는 데에 동의한다는 것은 불가능하니까요.

손님 그럼 우리는 운동이 있는 것과 다른 것이라고 두려움 없이 주장하고 말을 하죠?

테아이테토스 조금도 두려워하지 않고 그렇게 말합니다.

손님 그렇다면 운동은 분명히 진정으로 있는 것이 아니면서 또한—있는 것의 몫을 나누어 가지기에—있는 것이죠?

테아이테토스 아주 분명히 그렇습니다.

손님 따라서 운동에 관련해서 그리고 모든 유(類)들에 관련해서
e 있지 않은 것이 있다는 점은 필연적입니다. 왜냐하면 모든 것들과 관련해서, 다른 것의 본성은 각각의 것을 있는 것과 다른 것으로 만듦으로써 각각을 있지 않은 것[171]으로 만들기 때문입니다. 그래서 이런 식으로 동일한 이유로 모든 것들은 있지 않다고,[172] 그리고 거꾸로 그것들은—있는 것의 몫을 나누어 가지기에—있고 또한 있는 것이라고 우리가 말한다면, 이는 옳게 말한 셈이 됩니다.[173]

테아이테토스 아마도 그렇습니다.

손님 그러므로 형상들 각각과 관련해서 있는 것은 수에 있어서 많지만, 있지 않은 것은 셀 수 없을 정도로 많습니다.[174]

테아이테토스 그렇게 보입니다.

손님 그러면 있는 것 자체는 나머지 것들과 다른 것이라고 말해야 합니다. 257a

테아이테토스 그렇게 말할 수밖에 없습니다.

손님 그래서 우리가 볼 때 있는 것은, 나머지 것들이 있는 만큼 그만큼에 따라 있지 않습니다.[175] 그것이 이 나머지 것들로서 있지 않은 한, 그것은 그 자체가 하나로서 있습니다.[176] 그러나 그것은 그 나머지 것들—셀 수 없이 많은 것들—에 관련해서는 다시 있지 않습니다.

테아이테토스 아마도 그렇습니다.

손님 우리는 이 논점이 꺼림칙하다고 느낄 필요도 없습니다. 유(類)들의 본성은 서로 간의 결합을 받아들이니까요. 그리고 누군가가 이 점을 인정하지 않는다면, 그는 먼저 우리의 이전 논증들을 설득해서 이긴 다음, 그 결론들을 설득해서 이기도록 해야 합니다.

테아이테토스 마땅한 말씀입니다.

손님 그럼 이런 점도 살펴봅시다. b

테아이테토스 어떤 점이죠?

손님 우리가 있지 않은 것을 말할 때마다, 우리는 있는 것과 반대되는 것이 아니라 단지 그와 다른 것을 말하는 것 같습니다.

테아이테토스 어떻게요?

손님 예를 들어, 우리가 어떤 것을 "크지 않다"고 말할 때, 이때 우리가 그 표현으로써 "같은 것"보다 "작은 것"을 더 지시하는 것으로 당신에게는 보입니까?[177]

테아이테토스 결코 그렇지 않습니다.

손님 부정어(否定語)가 반대되는 것을 의미한다고 말해진다는 점
c 에 우리는 동의하지 않을 것이고, 단지 다음과 같은 점에만 동의
합니다. 즉 앞에 놓인 그 'mê'와 그 'ou'[178]는 그 다음에 오는 이름
들과는 다른 어떤 이름을 드러낸다는 점, 아니 그보다는 부정어
다음에 언표되는 이름들이 관련하는 사물들과는 다른 어떤 사물
을 드러낸다는 점 말입니다.

테아이테토스 전적으로 그렇습니다.

손님 다음과 같은 것을 생각해 봅시다. 당신도 동의한다면 말입니다.

테아이테토스 어떤 것이죠?

손님 내가 보기에 다른 것의 본성은 지식과 마찬가지로 잘게 잘리는 것으로 보입니다.[179]

테아이테토스 어떻게요?

손님 지식 역시 하나입니다. 그러나 그것의 각 부분은 어떤 것과
관련해서 생성된 것으로 따로 분리되어 있으며, 자신에게 고유
d 한 어떤 이름을 지니고 있습니다. 이런 이유로, 사람들이 말하는
많은 기술들과 지식들이 있습니다.

테아이테토스 물론입니다.

손님 또한 다른 것의 본성의 부분들도 이와 똑같은 것을 겪습니다. 다른 것의 본성은 하나이지만 말입니다.

테아이테토스 아마도요. 그러나 우리는 이를 어떤 식으로 설명해야 하나요?

손님 아름다운 것과 대비되는,[180] 다른 것의 어떤 부분이 있습니까?

테아이테토스 있습니다.

손님 이것은 이름이 없다고 말할까요, 아니면 어떤 이름을 가진다고 말할까요?

테아이테토스 가집니다. 우리가 그때그때마다 "아름다운 것이 아니다."[181]라고 언표하는 대상은 다름 아니라 바로 아름다운 것의 본성과 다른 것이기 때문입니다.

손님 그럼, 자, 내게 말해 주세요.

테아이테토스 어떤 것을 말입니까? e

손님 아름다운 것이 아닌 것은 바로 이런 것이 아니겠습니까? 즉 있는 것들 중 어떤 하나의 유(類)[182]로부터 분리된, 그리고 다시금 있는 것들 중의 어떤 것에 대해 대비된, 어떤 다른 것.[183]

테아이테토스 그렇습니다.

손님 그러면 아름다운 것이 아닌 것은 있는 것에 대한 있는 것의 어떤 대비라는 점이 따라 나오는 것 같습니다.

테아이테토스 아주 옳습니다.

손님 그러면 다음은 어떻습니까? 이 논의에 따르면, 우리가 볼 때 아름다운 것은 있는 것들에 보다 더 속하고 아름다운 것이 아닌 것은 보다 덜 속하는 겁니까?

테아이테토스 그렇지 않습니다.

258a 손님 큰 것이 아닌 것은 큰 것 자체와 마찬가지로 "있다."라고 말해야겠지요?

테아이테토스 마찬가지로 있습니다.

손님 또한 정의로운 것이 아닌 것은 정의로운 것과 똑같은 식으로 놓아야겠지요? 어느 하나가 나머지 다른 하나보다 결코 더 있지 않다는 점에서 말입니다.

테아이테토스 물론입니다.

손님 우리는 그 밖의 다른 것들에 관해서도 동일한 식으로 말을 할 것입니다. 다른 것의 본성은 있는 것들에 속한다는 점이 밝혀졌고, 그리고 다른 것의 본성이 있으므로, 이것의 부분들도 결코 어떤 것에도 못지않게 있다는 점을 반드시 놓아야 하기 때문입니다.

테아이테토스 물론입니다.

b 손님 그러므로, 다른 것의 부분의 본성이 있는 것의 본성에 대해 대비되었을 때[184] 이 대비[185]는—이렇게 말하는 것이 옳다면—있는 것 자체에 결코 못지않게 존재인 것 같습니다. 그것은 있는 것과 반대되는 것이 아니라 단지 그것과 다르다는 것만 의미하기 때문입니다.

테아이테토스 그 점은 아주 분명합니다.

손님 우리는 이것[186]을 무엇이라 부를까요?

테아이테토스 명백하게 이것은 저 "있지 않은 것",[187] 즉 소피스트 때문에 우리가 찾았던 바로 그것입니다.

손님 그럼 이것은, 당신이 말했듯이, 존재에 있어서 다른 어떤 것에도 뒤떨어지지 않습니까? 그리고 이제부터 우리는 있지 않은 것이 자신의 본성을 가지면서 굳건하게 있다고 과감하게 말해야 합니까? 그래서 큰 것은 컸었고, 아름다운 것은 아름다웠 c
고, 큰 것이 아닌 것은 크지 않았고, 아름다운 것이 아닌 것은 아름답지 않았듯이, 똑같은 식으로 또한 있지 않은 것은 있지 않은 것이었고 있지 않은 것[188]이라고,[189] 그리고 이것은 많은 있는 것들 중 하나의 형상[190]으로 세어져야 한다고 말해야 합니까? 아니면, 테아이테토스여, 이 점에 대해 우리는 아직도 어떤 의심이 있나요?

테아이테토스 의심 없습니다.

손님 그럼 당신은, 우리가 파르메니데스가 금지한 것을 크게 넘어섰다는 점을 아시나요?

테아이테토스 무슨 말이죠?

손님 그분이 고찰하지 말라고 금지했던 것 이상으로 우리는 앞을 향해 탐구를 계속했고, 그리고 그 이상의 것을 그에게 보여 주었습니다.

테아이테토스 어떻게요?

d 손님 왜냐하면 그는 어딘가에서 이렇게 말하기 때문입니다.

> 있지 않은 것들이 있다는 것이 결코 강제되지 않도록 하라.
> 오히려 그대는 탐구의 이 길로부터 사유를 차단하라.[191]

테아이테토스 그는 그렇게 말을 하죠.

손님 그러나 우리는 있지 않은 것들이 있다는 점을 보여 주었을
뿐 아니라 있지 않은 것의 형상이 어떤 것인지도 밝혀 주었습니
e 다. 왜냐하면, 다른 것의 본성이 있다는 점 그리고 이것은 서로
간의 관계에서 있는 모든 것들에게 잘게 잘려 퍼져 있다는 점을
우리는 보여 줌으로써, 있는 것에 대해 대비된, 이 본성의 각각
의 부분이 그 자체로 진정으로 있지 않은 것이라고 우리는 감히
말했기 때문입니다.

테아이테토스 손님, 우리는 전적으로 참된 말을 한 것으로 내게는 여겨집니다.

손님 그렇다면 누구도 우리에 대해서 다음과 같이 말해서는 안 됩니다. 즉 우리가, 있지 않은 것을 있는 것에 반대되는 것으로서 보여 준다고 그러고 나서 이 반대되는 것이 있다고 우리가 감히 주장한다고 말입니다. 왜냐하면 있는 것에 반대되는 어떤 것으로 말할 것 같으면, 이것이 있든 있지 않든 간에 혹은 이것이

말이 되는 것이든 전혀 말이 안 되는 것이든 간에, 이것에 관해
이미 오래전에 작별을 고했으니까요. 있지 않은 것이 있다고 방 259a
금 우리가 말한 것과 관련해서는, 누군가가 우리를 논파하여 우
리가 훌륭하게 말하지 못한다고 설득하도록 하십시오. 혹은, 만
일 그가 그렇게 할 수가 없다면, 그 역시 우리가 말하는 것처럼
다음과 같은 것을 말해야 합니다. 즉 유(類)들은 서로 섞인다는
것입니다. 그리고 있는 것과 다른 것은 모든 것들을 그리고 서로
를 관통해 있다는 것입니다. 그렇기 때문에, 한편으로, 다른 것
은 있는 것의 몫을 나누어 가짐으로써, 바로 이 나누어 가짐 때
문에 있지만, 몫을 나누어 주었던 그 대상은 아니고 그 대상과
다른 것입니다. 그리고 그것은 있는 것과 다르기 때문에, 그것은
있지 않은 것이라는[192] 점은 아주 분명하게 필연적입니다. 다른
한편으로, 있는 것은 다른 것의 몫을 나누어 가짐으로써 나머지 b
유들과 다른 것이 될 수 있고, 그래서 이 모든 것들과 다르기 때
문에 그것은 이것들 각각도 아니고 이 나머지들 모두도 아니라,
단지 자기 자신입니다. 그리하여, 있는 것은 부정할 수 없을 정
도로 천 번 만 번 있지 않습니다.[193] 그리고 나머지 것들 역시, 각
각이 그리고 다 함께, 많은 점에서 있고 많은 점에서 있지 않습
니다.[194]

테아이테토스 맞습니다.

손님 그리고 누군가가 이 모순들을 믿지 않으려 한다면, 그 스스

c 로 고찰을 해서 지금 우리가 말한 것보다 더 나은 것을 말해야
합니다. 그게 아니라, 그가 어떤 어려운 것을 생각해냈다는 이
유로 논증들을 한 번은 이리로 한 번은 저리로 끌고 나가는 것에
즐거워한다면, 지금 우리의 논의들이 보여 주듯이, 그는 그렇게
진지하게 다룰 가치가 없는 것들을 진지하게 다루었던 것입니
다. 이런 일을 발견하는 것은 똑똑하지도 어렵지도 않습니다. 이
제, 어렵고도 또한 동시에 훌륭한 것은 이것입니다.

테아이테토스 이것이 무엇이죠?

손님 그것은 전에도 말했던 바로서, 우리는 이런 모순들이 일단
가능한 것으로서[195] 허용한 후 사람들이 말하는 것들 각각을 좇아
d 가면서 검토를 하되,[196] 누군가가 다른 것이 어떤 식으로 동일한
것이라고 그리고 동일한 것이 다른 것이라고 주장한다면, 어떤
점에서 그리고 무엇에 따라서 이 둘 중의 어느 하나의 일이 일어
난다고 그가 주장하는지를 검토할 수 있는 것입니다. 그러나 동
일한 것이 어쨌든 어떤 식으론가 다른 것이라고, 다른 것이 동일
한 것이라고, 큰 것이 작다고, 비슷한 것이 비슷하지 않다고 보
여 주는 것 그리고 이런 식으로 모순들을 논의 속에 항상 앞으로
가져오면서 즐거워하는 것, 이것은 진정한 검토가 아니라 있는
것들에 이제 막 접촉하는 자로부터 태어난 갓난아기[197]와 같다는
것이 분명합니다.

테아이테토스 확실히 그렇습니다.

손님 친구여, 모든 것을 모든 것으로부터 분리하려는 시도는 다 e
른 점에서도 안 맞을 뿐 아니라 정말이지 전적으로 교양과 철학
을 결여한[198] 자나 하는 일입니다.

테아이테토스 왜 그렇죠?

손님 각각의 것을 모든 것으로부터 분리하는 것은 모든 말[199]에
대한 완전한 파괴입니다. 형상들 상호 간의 엮음을 통해서 우리
에게 말이 생겼으니까요.

테아이테토스 맞습니다.

손님 그럼, 우리가 지금 그런 사람들과 적절한 때에 싸우고 있었 260a
다는 사실 그리고 어느 하나가 다른 것과 섞이는 것을 허용하도
록 적절한 때에 그들에게 강요하였다는 사실을 고찰하십시오.

테아이테토스 무엇을 위해서죠?

손님 우리에게 말은 있는 유(類)들 중 어떤 하나라는 것을 위해서
입니다. 이것을 빼앗기게 되면 우리는 철학을 빼앗기게 되는데,
이게 가장 큰일입니다. 게다가 우리는 지금 말이 무엇인지 합의
를 해야 합니다. 그러나 만약 이것이 우리에게서 제거되어 버려
서 이것이 전적으로 있지 않게 되면, 우리는 더 이상 어떤 것도 b
말할 수 없게 될 것입니다. 그러나 만일 우리가 그 어떤 것도 그
어떤 것과 그 어떤 식으로든 결합하지 않는다고 인정해 버리면,
그것은 우리에게서 제거되는 셈입니다.

테아이테토스 맞는 말씀입니다. 그런데 말이 무엇인지를 왜 지금

우리가 합의해야 하는지를 저는 이해하지 못했습니다.

손님 아마 당신은 이런 식으로 따라온다면 아주 쉽게 이해할 수 있을 겁니다.

테아이테토스 어떤 식이죠?

손님 있지 않은 것은 다른 나머지 것들 중 하나의 유(類)이며, 있는 것들 모두에 골고루 흩어져 있다는 것이 우리에게 밝혀진 바 있습니다.

테아이테토스 그렇습니다.

손님 그러면, 그 다음으로 우리가 고찰해야 할 것은, 그것이 믿음[200]과 그리고 말과 섞이는지에 관한 것입니다.[201]

테아이테토스 왜 그렇죠?

c 손님 그것이 이것들과 섞이지 않는다면, 모든 것들[202]이 참이라는 것은 필연적입니다. 하지만 섞인다면, 거짓된 믿음과 말이 생겨납니다. 왜냐하면 있지 않은 것들[203]을 믿거나 말하는 것, 이것이 아마 생각[204]과 말에서 생기는 거짓이기 때문입니다.

테아이테토스 그렇습니다.

손님 거짓이 있으면 속임이 있습니다.

테아이테토스 예.

손님 그리고 속임이 있으면, 모든 것들은 모상(模像)들, 닮은꼴들, 유사 닮음[205]으로 가득 찰 수밖에 없습니다.

테아이테토스 물론입니다.

손님 그러나 우리는, 소피스트가 이 영역으로 피신을 와서는 거 d
짓이 어떤 식으로든 있다는 점을 절대적으로 부인했다고 말했습
니다.[206] 있지 않은 것은 존재의 몫을 결코 어떤 점에서도 나누어
갖지 않기 때문에, 있지 않은 것을 누구도 생각하거나 말해서는
안 된다는 이유로 말입니다.

테아이테토스 그랬었죠.

손님 그렇지만 있지 않은 것이 있는 것의 몫을 나누어 가진다는
점이 이제 밝혀졌으므로, 소피스트가 아마 이런 식으로는 더 이
상 싸우려 하지 않을 것입니다. 그러나 다른 한편으로, 아마도
소피스트는 형상들 중 일부는 있지 않은 것의 몫을 나누어 갖지
만 다른 일부는 이것의 몫을 나누어 가지지 않는다고 주장할 것
이며, 말과 믿음은 나누어 갖지 않는 것들에 속한다고 주장할 겁
니다. 그래서 소피스트는, 우리가 그가 거처하는 곳으로 말하는
모상 제작술과 유사 닮음 제작술은 전적으로 있지 않다고 강변
하면서 다시 싸울 겁니다. 믿음과 말은 있지 않은 것과 결합하지 e
않는다는 이유로 말입니다.[207] 이 결합이 세워지지 않는다면 거
짓은 전적으로 있지 않다고 하는 것이죠. 그러므로 이런 이유로
우리는 먼저 말과 믿음과 인상(印象)[208]이 무엇인지 추적해야 합
니다. 이 추적을 하는 이유는, 이것들이 나타났을 때 이것들과
있지 않은 것의 결합 또한 우리가 파악하기 위한 것입니다. 또 261a
이 결합을 파악하면, 거짓이 있다는 것을 우리는 보여 줄 수 있

고, 이를 보여 줌으로써 소피스트를 거짓이라는 감옥 안에 가두어 놓을 수 있기 때문입니다. 소피스트가 유죄 책임이 있다면 말입니다. 만일 그렇지 않다면 우리는 그를 풀어 주고 다른 유(類) 안에서 그를 쫓아가야 할 것입니다.

테아이테토스 손님이여, 소피스트에 관해 처음에 말했던 것, 즉 소피스트는 잡거나 사냥하기 어려운 종족이라는 점은 확실히 사실인 것 같습니다. 왜냐하면 그는 방어용 방벽들로 가득 차 있는 자로 보이기 때문입니다. 소피스트가 이 방벽들 중 하나를 자기 앞에 쳐 놓으면, 우리가 소피스트 자체에 도달하기 전에 우리는 먼저 이 방벽과 싸울 수밖에 없습니다. 이제 우리가, 있지 않은 것은 있지 않다는 그의 방벽을 넘자마자 그는 또 다른 방벽을 앞
b 에 쳐 놓았으니까 말입니다. 그래서 우리는 말과 그리고 믿음에 관련해 거짓이 있다는 것을 보여 주어야 하고, 그 다음에는 아마 다른 방벽이 있을 것이고, 이것 다음에 또 다시 다른 방벽이 있을 것이기 때문입니다. 그래서 끝은 결코 나타날 것 같지가 않습니다.

손님 테아이테토스여, 조금이라도 앞으로 항상 전진할 수 있는 자는 용기를 가져야 합니다. 이런 일에 용기를 잃어서 아무것도 이루지 못하거나 오히려 다시 뒤로 밀려난 자는 다른 일에서 무
c 엇을 할 수 있을까요? 속담이 말하듯, "그런 자는 결코 도시를 장악할 수 없을 것입니다." 그러나 이제 친구여, 당신이 말하는

방벽을 넘었으므로 우리에게 가장 큰 성벽을 우리는 장악한 셈이고, 따라서 이제부터 나머지 것들은 보다 쉽고 작은 것입니다.

테아이테토스 훌륭한 말씀입니다.

손님 그럼, 방금 말했듯이 먼저 말과 믿음을 우리가 다루기로 합시다. 그래서 있지 않은 것이 말과 믿음에 접촉하는지, 혹은 그게 아니라 말과 믿음 둘 다는 전적으로 참이며 둘 중 그 어떤 것도 결코 거짓이 아닌지에 관하여 보다 분명한 설명을 우리가 줄 수 있도록 말입니다.

테아이테토스 옳습니다.

손님 자, 우리가 형상들과 철자들에 관해 말했던 것처럼[209] 똑같은 식으로 다시 단어[210]들에 관해 고찰해 봅시다. 왜냐하면 우리가 지금 찾는 것은 이런 방식으로 나타날 것이기 때문입니다. d

테아이테토스 단어들에 관해 우리가 답해야 할 질문은 무엇입니까?[211]

손님 모두가 서로 결합하는지, 아니면 어떤 것도 어떤 것과 결합하지 않는지, 아니면 일부는 결합하려고 하고 일부는 그렇지 않으려 하는지 하는 것입니다.

테아이테토스 마지막 이것, 즉 일부는 결합하려고 하고 일부는 그렇지 않으려 한다는 것이 분명합니다.

손님 당신은 아마 이런 것을 말하는 거겠죠. 즉 차례로 말해질 때 또한 무언가를 지시하는 단어들은 서로 결합하는 것이지만, 연 e

속되어 있어도 아무것도 의미하지 않는 단어들은 결합하지 않는 것이라고 말입니다.

테아이테토스 무슨 의미로 그것을 말씀하시는지요?

손님 당신이 내 말에 동의했을 때 당신이 상정했으리라 내가 생각했던 것 말입니다. 왜냐하면 음성을 통해 존재에 관해 지시하는 것[212]으로서는 우리에게 두 가지 종류가 있기 때문입니다.

테아이테토스 어떻게요?

262a 손님 하나는 이름으로, 다른 하나는 동사로 불립니다.

테아이테토스 각각을 설명해 주시죠.

손님 행위에 대해 지시하는 것은 우리가 동사라고 부릅니다.

테아이테토스 예.

손님 반면에 행위를 행하는 것들 자체에 대해 적용된 음성 기호는 이름이라고 부릅니다.

테아이테토스 확실히 그렇습니다.

손님 따라서 진술[213]은 이름들을 연달아 말한다고 해서 결코 이루어지는 것이 아니고, 또한 이름들 없이 동사들만으로도 이루어지지 않습니다.[214]

테아이테토스 이해 못했습니다.

b 손님 당신이 방금 동의했을 때 당신은 뭔가 다른 것을 생각했다는 것은 분명합니다. 내가 말하고자 의도했던 것은 단지 이 논점, 즉 그것들이 이런 식으로 차례로 말해질 때 진술이 안 된다

는 것이기 때문입니다.

테아이테토스 어떤 식이죠?

손님 예컨대 "걷는다, 달린다, 잔다."는 그리고 행위를 의미하는 그 밖의 동사들은, 이 모든 것들 자체를 차례대로 말한다 할지라도, 어떤 점에서도 더 이상 진술을 만들지는 못합니다.

테아이테토스 물론입니다.

손님 그리고 마찬가지로 "사자, 사슴, 말."이라고 말해지더라도 그리고 행위를 행하는 그 밖의 것들의 이름들로 불렸던 모든 것들이 말해지더라도, 또한 이런 연속은 어떤 진술도 구성하지 못 c
합니다. 왜냐하면 저 예[215]가 되든지 이 예[216]가 되든지 간에, 누군가가 동사들을 이름들과 섞기 전까지는, 음성적으로 말해진 것들은 저 예에서는 행위 수행도 그리고 행위 비(非)수행도 지시하지 못하고, 이 예에서는 있는 것의 존재도 그리고 있지 않은 것의 존재[217]도 지시하지 못하기 때문입니다. 그러나 그 둘은 결합하게 되었고 그래서 첫 번째 엮임이 즉시 진술, 즉 아마도 첫 번째이자 가장 작은 진술이 되었습니다.

테아이테토스 무슨 뜻으로 그런 것을 말씀하시는 건가요?

손님 누군가가 "한 사람이 배운다."라고 말하면, 이것이 최소한의 그리고 첫 번째 진술이라고 당신은 말하겠습니까?

테아이테토스 저는 그렇게 말합니다. d

손님 왜냐하면 이제 이렇게 되면 그는 있는 것들 혹은 되고 있는 것들 혹은 있게 된 것들 혹은 있게 될 것들[218]에 관해 지시하기 때문입니다. 그는, 동사를 명사와 같이 엮음으로써 어떤 것에 대해 단지 이름 부를 뿐 아니라 이 어떤 것을 종결시키는 것입니다. 따라서 우리는, 그가 단지 "이름 부른다."라고 말할 뿐 아니라 또한 "진술한다."라고 말하는 것입니다. 사실 이 엮임에 대해 우리는 "진술"[219]이라는 이름을 언표한 것입니다.

테아이테토스 옳습니다.

손님 그래서 사물들의 경우에서 어떤 것들은 서로 결합하고 또 어떤 것들은 결합하지 않듯이, 마찬가지로 음성 기호들도 어떤
e 것들은 서로 결합하지 않지만, 어떤 것들은 서로 결합을 해서 진술을 만듭니다.

테아이테토스 전적으로 그렇습니다.

손님 다음과 같은 작은 논점이 아직 있습니다.

테아이테토스 무엇이죠?

손님 진술이 있다면 그것은 필연적으로 어떤 것에 관한 진술이며, 어떤 것에 관한 진술이 아니라는 것은 불가능합니다.

테아이테토스 그렇습니다.

손님 따라서 진술은 또한 어떤 속성을 가져야만 하겠죠?

테아이테토스 물론입니다.

손님 이제 우리 자신에게 주의를 기울여 봅시다.

테아이테토스 그래야만 합니다.

손님 그럼, 이름과 동사를 이용해서 한 사물과 한 행위를 합쳐 하나의 진술을 당신에게 말하겠습니다. 당신은 이 진술이 무엇에 관한 것인지 내게 지적해 주십시오.

테아이테토스 능력껏 그리 하겠습니다. 263a

손님 "테아이테토스가 앉는다." 길지 않은 진술이죠?

테아이테토스 길지 않습니다. 적당합니다.

손님 이제 당신이 할 일은, 이 진술이 무엇에 관한 것이고 무엇에 속하는지를[220] 지적하는 것입니다.

테아이테토스 분명히 나에 관한 것이고 나에게 속하는 것입니다.

손님 그렇다면 이것은 어떤가요?

테아이테토스 어떤 것이죠?

손님 "테아이테토스—지금 내가 대화를 나누고 있는 자[221]—가 난다."

테아이테토스 또한 이 진술도 역시 내게 속하고 나에 관한 것이라는 것 이외에 그 누구도 달리 말할 수 없을 겁니다.

손님 그런데 진술들 각각은 어떤 속성을 갖는 게 필연적이라고 우린 말합니다.

테아이테토스 네. b

손님 이제 이 두 진술 각각은 어떤 종류의 속성을 가진다고 말해야 하나요?

테아이테토스 하나는 거짓이고 다른 하나는 참입니다.

손님 둘 중 참인 진술은 당신에 관해서 있는 것들을 있다고 말합니다.[222]

테아이테토스 그렇습니다.

손님 그리고 거짓 진술은 당신에 관해서 있는 것들과 다른 것들[223]을 말합니다.

테아이테토스 네.

손님 따라서 그것은 있지 않은 것들[224]을 있는 것들로서 말합니다.

테아이테토스 아마도요.

손님 그것은, 있기는 하지만[225] 당신에 관해 있는 것들과는 다른 것들을 말합니다. 우리가 말했듯이, 각각의 것에 관련해서 많은 것들이 있고, 또 많은 것들이 있지 않기 때문입니다.[226]

테아이테토스 확실히 그렇습니다.

c 손님 그럼, 내가 당신에 관해서 말한 두 번째 진술은, 우선, 진술이 무엇인가에 관한 우리의 규정에 따르면 가장 짧은 진술들 중 하나라는 것이 아주 필연적입니다.

테아이테토스 방금 이 점에 우리는 동의한 바 있습니다.

손님 그 다음으로, 그것은 어떤 것에 관한 것입니다.

테아이테토스 그렇습니다.

손님 그것이 당신에 관한 것이 아니라면, 그것은 다른 그 어떤 것에 관한 것도 아닙니다.

테아이테토스 물론입니다.

손님 그것이 그 어떤 것에 관한 것도 아니라면, 그것은 진술이 전혀 아닐 겁니다. 왜냐하면, 한 진술이 그 어떤 것에 관한 것이 아니면서도[227] 진술이 된다는 것은 불가능한 영역에 속한다는 것을 우리가 보여 줬기 때문입니다.

테아이테토스 아주 옳은 말씀입니다.

손님 당신에 관해 말해지기는 하지만, 다른 것들이 동일한 것들로서[228] 그리고 있지 않은 것들이 있는 것들로서 말해진다면, 동사들과 명사들이 이런 식으로 합성되어 나온 것은 진정으로 그리고 진실로 거짓 진술이 되는 것 같습니다. d

테아이테토스 진실로 그렇습니다.

손님 그럼, 생각과 믿음[229]과 인상(印象)[230]은 어떻습니까? 이 모든 유(類)들은[231] 참인 것으로도 그리고 거짓인 것으로도 우리의 영혼 안에서 생겨난다는 점은 이제 분명해지지 않았나요?

테아이테토스 어떻게 해서 그렇죠?

손님 먼저 당신이 이것들 각각은 무엇이고 그리고 각각은 서로 어떻게 다른지 파악한다면, 당신은 이를 보다 쉽게 이해할 것입니다. e

테아이테토스 그럼 부디 설명해 주세요.

손님 생각과 말[232]은 동일한 것이 아닌가요? 영혼 안에서 음성 없이 생겨나는, 영혼 자신과의 대화, 바로 이것을 우리는 "생각"이라고 불렀다는 점만 제외하고 말입니다.[233]

테아이테토스 물론입니다.

손님 반면에 영혼으로부터 출발해 음성을 동반하면서 입을 통해 나오는 흐름은 "말"이라 불리지요?

테아이테토스 맞습니다.

손님 나아가, 말 안에는 이런 것[234]도 있다는 것을 우리는 압니다.

테아이테토스 어떤 것이죠?

손님 긍정과 부정입니다.

테아이테토스 그렇군요. 그런 것이 있다는 것을 우리가 압니다.

264a 손님 이런 것이 생각을 통해 그리고 침묵과 함께 영혼 안에서 생겨날 때, "믿음"이라는 것 말고 당신이 부를 수 있는 다른 이름을 가지고 있나요?

테아이테토스 그렇지 않습니다.

손님 믿음이 그 자체로서가[235] 아니라 지각을 통해서 어떤 자에게 생기면, 그런 겪음을 인상이라는 것 말고 다른 이름으로 올바르게 부를 수 있을까요?

테아이테토스 그럴 수 없습니다.

손님 그럼, 참된 진술과 거짓 진술이 있었고, 저 세 가지 중에서
b 생각은 영혼 자체가 자신과 나누는 대화로, 믿음은 생각의 끝으로, 우리가 "나타나다"[236]라고 부르는 것은 지각과 믿음의 섞임으로 드러났습니다. 그렇다면 이것들은 진술과 친족적이므로, 이것들 중 어떤 것들은 또한 때때로 거짓이라는 것이 필연적입니다.

테아이테토스 물론입니다.

손님 그렇다면 당신은 알아차리십니까? 거짓 믿음과 거짓 진술을 찾으려 할 때 결코 끝나지 않는 일을 우리가 떠맡은 게 아닐까 하는 두려움을 가지고 우리가 예상했던 것보다 빨리 거짓 믿음과 거짓 진술이 발견되었다는 사실을 말입니다.

테아이테토스 알아차립니다.

손님 그러니 이제 남겨진 일에 대해서 용기를 잃지 맙시다. 이것 c
들이 분명해졌으므로 형상에 따른 앞선 분할들을 기억해 냅시다.

테아이테토스 어떤 분할들이었죠?

손님 우리는 모상(模像) 제작술을 두 종류[237]로, 즉 하나는 닮음꼴 제작술로, 다른 하나는 유사 닮음 제작술로 나눈 바 있습니다.[238]

테아이테토스 네.

손님 그리고 우리는 소피스트를 이 둘 중 어디에 놓아야 할지 난처하다고 말한 바 있습니다.

테아이테토스 그랬었죠.

손님 그리고 이 점에 있어서 난처한 처지에 있는 우리를 더욱 더 큰 현기증이 덮친 것인데, 왜냐하면 이 모든 것들을 강하게 부인하는 논증이 나타났기 때문이죠. 이 논증에 따르면, 거짓은 어떤 식으로도 어떤 때에도 어디에도 있지 않으므로, 닮음꼴도, 모상도, 유사 닮음도 전혀 있지 않다는 겁니다.

테아이테토스 맞는 말씀입니다. d

손님 그러나 이제 거짓 진술이 있다는 것이 그리고 거짓 믿음이 있다는 것이 밝혀졌으므로, 있는 것들에 대한 모방이 있을 여지가 그리고 기만하는 기술이 이런 상태로부터 생겨날 여지가 있습니다.

테아이테토스 그럴 여지가 있습니다.

손님 그리고 소피스트는 이 두 종류 중 어디 하나에 속한다고 우리는 앞선 논의에서 동의해 놓았습니다.[239]

테아이테토스 네.

e 손님 이제 다시, 우리 앞에 놓인 이 종족을 둘로 쪼개면서 앞으
로 나가도록 시도합시다. 이때 잘린 것의 오른쪽 부분을 항상 취
하면서 가도록 하고, 소피스트가 공동으로 속하는 것을 붙잡도
록 합시다. 소피스트가 다른 것들과 공동으로 가지는 모든 것들
을 벗겨버린 후 그의 고유한 본성만을 우리가 남길 수 있을 때까
265a 지 말입니다. 그러고 나면 우리는 그의 본성을 무엇보다도 우리
자신에게 그리고 이런 탐구 방법에 본성상 가장 가까이 있는 종
류의 사람들에게 보여 줄 수 있을 겁니다.

테아이테토스 옳습니다.

손님 그런데 그때 우리는 만드는 기술과 획득 기술로 나누면서 시작했었죠?[240]

테아이테토스 네.

손님 그리고 소피스트는 획득술 중에서도 사냥술과 경쟁 기술과

도매술과 그리고 그런 어떤 형태[241]를 취하면서 우리 앞에 나타났었죠?

테아이테토스 물론입니다.

손님 이제 모방술이 소피스트를 둘러쌌으므로, 바로 이 만드는 기술을 먼저 둘로 나눠야 한다는 게 분명합니다. 왜냐하면 모방 b
은 어떤 만듦이기는 하나 모상들을 만드는 것이지 각각의 사물 자체를 만드는 것은 아니라고 우리가 말하기 때문이죠. 그렇지 않나요?

테아이테토스 전적으로 그렇습니다.

손님 그래서 먼저, 만드는 기술[242]을 두 부분이 되게 합시다.

테아이테토스 그게 어떤 것들이죠?

손님 하나는 신적인 것, 다른 하나는 인간적인 것입니다.

테아이테토스 아직 이해 못하겠습니다.

손님 처음에 우리가 말했던 것을 기억해 봅시다. 이전에는 있지 않았던 것들이 이후에 생기게끔 해 주는[243] 원인이 되는 모든 능력을 우리는 만드는 능력이라고 말했습니다.

테아이테토스 우리는 기억합니다.

손님 이제 모든 가사적인 동물들 그리고 씨앗들과 뿌리들로부터 c
땅에서 자라나는 모든 것들 그리고 땅속에서 뭉쳐져 있는, 영혼이 없는 모든—가용적(可鎔的)인 그리고 비 가용적인—물체들에 대해 말해 봅시다. 이 모든 것들이 이전에는 있지 않았지만 이후에 생기게 된 것이 신이라는 장인(匠人) 이외의 어떤 다른 것 때문이라고 우리가 말을 할까요? 아니면 대중들의 견해와 말하는 방식에 의존하면서 …

테아이테토스 그게 어떤 것이죠?

손님 자연은 이것들을 낳고 자라게 하는데, 어떤 자동적인 그리고 생각 없는 원인으로부터 그렇게 한다는 겁니다. 그게 아니면, 그 원인은 이성과 함께 하는 그리고 신으로부터 온 신적인 앎과 함께 하는 것입니까?

d 테아이테토스 나 자신은 아마도 젊은 나이 탓에 자주 두 견해 사이를 왔다 갔다 합니다. 그러나 이제 당신을 보니까 그리고 그것들은 신에 따라서 생긴다는 것이 당신의 생각이라고 내가 추정하므로, 나 역시 두 번째 견해를 취합니다.

손님 좋습니다, 테아이테토스. 그리고 만일 당신이 나중에 다른 식으로 생각을 할 자들 중 한 사람이라고 우리가 간주한다면, 우리는 설득의 강제력을 지닌 논증을 지금 사용해서 당신이 이 견
e 해에 동의하게끔 시도할 것입니다.[244] 그러나 나는, 당신의 본성은 우리의 논증 없이도 그 자체가, 지금 당신이 끌린다고 말하는 방향으로 향하고 있다는 점을 잘 파악하고 있습니다. 그러니 그런 설득의 시도는 그만 둡시다. 시간이 너무 많이 걸리기 때문이죠. 대신에 나는, 자연적이라고 불리는 것들은 신적인 기술에 의해 제작되고, 이런 것들로부터 인간에 의해 합성된 것들은 인간

적 기술에 의해 제작된다고 놓습니다. 따라서 이 설명에 의하면 두 종류의 제작술이 있는데, 하나는 인간적인 종류이고 다른 하나는 신적인 종류입니다.

테아이테토스 옳습니다.

손님 그것이 두 개이므로 각 기술을 재차 둘로 자르세요.

테아이테토스 어떻게요?

손님 전에는 전체 제작술을 가로로 잘랐듯이, 이제는 세로로 자르세요. 266a

테아이테토스 자르도록 하세요.

손님 이렇게 해서 제작술에는 모두 네 부분이 생겨납니다. 두 개는 우리에 관련한 인간적 부분들이고, 나머지 두 개는 신들에 관련한 신적인 부분들입니다.

테아이테토스 네.

손님 그러나 그것들을 다시 다른 축으로 나누게 되면, 각 반(半)의 한 부분[245]은 "사물 자체를 제작하는 것"으로 불리지만, 남아 있는 부분들로 이뤄진 짝은 아마 "모상(模像)을 제작하는 것"으로 가장 적절히 불릴 것입니다. 그래서 제작술은 이런 식으로 다시 둘로 나뉩니다.

테아이테토스 각 반이 어떻게 나뉘는지 다시 말해 주세요. b

손님 우리 자신과 다른 동물들 그리고 자연적인 것들[246]을 구성해 주는 것들, 즉 불과 물과 그리고 이것들과 형제가 되는 요소들은 전부 신의 자식으로서 각각 자체는 신에 의해 완성된 산물[247]이라는 것을 압니다. 그렇지 않나요?

테아이테토스 그렇습니다.

손님 그리고 이것들 각각에는 바로 이 사물들 자체가 아니라 모상들이 따라오는데, 이것들 역시 신적인 고안에 의해 생겨난 것입니다.

테아이테토스 어떤 것들이죠?

손님 "저절로 생기는 것"이라고 불리는 꿈속의 가상(假像)들과 낮
c 의 가상들[248]입니다. 낮의 가상들에는, 밝은 빛 속에 어두움이 생길 때의 그림자가 있고, 또 이중적(二重的) 상(像)[249]도 있습니다. 이중적 상은, 매끄럽고도 반짝이는 표면 위에서 관찰자의 눈에 속하는 빛이 사물에 속하는 빛과 만나 하나로 합치됨으로써 산출되는 모습인데, 이 모습으로 인하여 우리에게 이전에 익숙해진 관찰과는 반대되는 지각이 제공됩니다.[250]

테아이테토스 예, 이것들이 신적 제작으로부터 나온 두 산출물입니다. 하나는 사물 자체이고 다른 하나는 각각의 사물을 따라가는 모상입니다.

손님 우리 인간적 기술은 어떻습니까? 우리는 건축술을 통하여 집 자체를 만들고, 그림 기술을 통하여 다른 집, 이를테면 "깨어 있는 자를 위한 인간적 꿈"으로서 완성된 집을 만든다고 말하지 않습니까?

테아이테토스 물론입니다. d

손님 그러므로 이런 식으로 그 밖의 것들의 경우에도 우리 인간의 제작적 행위로부터 나온 산출물은 두 가지 기술을 따르며 따라서 두 가지입니다. 하나는 사물 자체로서 "사물 자체의 제작술"에 따른 것이고, 다른 하나는 모상으로서 "모상 제작술"에 따른 것이라고 우리는 말합니다.

테아이테토스 이제 나는 좀 이해했고 두 가지 제작술을 이중적인 방식으로 놓습니다. 한 가지 나눔 방식에 따르면, 신적 기술과 인간적 기술이 있습니다. 다른 나눔 방식에 따르면, 하나는 사물들 자체로 이루어지고, 다른 하나는 그것의 자식으로서, 어떤 유사물들에 의해 이루어집니다.

손님 이제 모상 제작술 중 하나는 닮음꼴을 만드는 종류이고 다른 하나는 유사 닮음을 만드는 종류였을 것이라는 점을 기억합 e
시다.[251] 거짓은 진정으로 거짓이라는 것 그리고 거짓은 본성상, 있는 것들 가운데 어떤 하나라는 것이 명백하리라는 조건 하에서 말입니다.

테아이테토스 네, 그랬었죠.

손님 거짓은 있는 것들 가운데 하나라는 것이 명백해지지 않았나요? 그리고 이런 이유로 이제 논란 없이 이 모상 제작술 종류들을 둘로 나누어 세어 보지 않겠습니까?

테아이테토스 네.

267a 손님 그럼, 유사 닮음 제작술을 다시 둘로 구분해 봅시다.

테아이테토스 어떻게요?

손님 하나는 도구들을 통해서 생겨나고, 다른 하나는 유사 닮음을 제작하는 사람이 바로 자기 자신을 도구로 이용할 때 생겨납니다.

테아이테토스 무슨 말인지요?

손님 내 생각에, 누군가가 자신의 신체를 이용해서 당신의 모습이, 혹은 자신의 목소리를 이용해서 당신의 목소리가 아주 비슷하게 나타나도록 만든다면, 이는 유사 닮음 제작술 중에서 특별히 "모사술(模寫術)"이라 불립니다.[252]

테아이테토스 네.

손님 이것을 모사술이라고 부름으로써 저 기술 전체로부터 떼어내 확보해 둡시다. 다른 나머지 모든 것[253]은, 우리가 좀 쉽게 가
b 도록, 그냥 제쳐 두고 다른 사람에게 맡기도록 합시다. 그가 이를 하나로 모아 적당한 어떤 이름을 부여하도록 말입니다.

테아이테토스 하나는 떼어 내 확보하도록 하고, 다른 하나는 내버려 둡시다.

손님 테아이테토스여, 이것 또한 다시 두 가지로 생각할 만한 이유가 있습니다. 왜 그런지 보십시오.

테아이테토스 말씀하시죠.

손님 모사(模寫)하는 자들 중 일부는 무엇을 모사하는지를 알면

서 이를 행하고, 나머지 일부는 모르면서 이를 행합니다. 아는 것과 모르는 것 사이의 분할보다 더 큰 어떤 분할을 우리가 놓을 수 있을까요?

테아이테토스 그런 어떤 분할도 놓을 수 없습니다.

손님 조금 전 이야기된 모사는 아는 자들의 모사 아니었나요? 누군가가 당신의 모습과 당신을 알 때 당신을 모사할 수 있으니까요.

테아이테토스 물론입니다. c

손님 그럼 정의의 모습과 전체 덕 일반의 모습은 어떻습니까? 많은 자들이 가능한 한 최대한으로 말과 행위로 모사를 하지만, 그것에 관해서는 알지 못한 채 단지 어떤 식으로건가 믿음을 가지면서, 자신들에게 덕으로 보이는 것이 마치 자신들 내부에 있는 것처럼 나타나도록 만들기 위해 아주 열렬한 시도를 하지 않나요?

테아이테토스 아주 많은 자들이 그렇게 합니다.

손님 그들 모두가, 비록 결코 정의롭지는 않다 할지라도, 정의롭게 보이는 점에서 실패하는 것은 아니지 않습니까? 그게 아니라, 이와는 전적으로 반대이지 않나요?

테아이테토스 전적으로 반대입니다.

손님 그러면 내 생각에 이 모사자(模寫者)는 저 모사자와는 다른 자라고 말해야 합니다. 즉 전자는 모르는 자, 후자는 아는 자라고 말입니다. d

테아이테토스 네.

손님 그럼 어디로부터 이것들 각각을 위한 적절한 이름을 얻을까
요? 혹은 이는 분명히 어려운 일이 아닌가요? 형상들에 따른 유
(類)들의 분류에 대해서는, 오래된 그리고 생각 없는 어떤 게으
름이 옛 사람들에게 있었고, 그 결과 그 누구도 그런 분류를 시
도하지 않았기 때문입니다. 이런 이유로 인하여, 이름들을 발견
하는 일이 우리에게는 그리 쉽지 않은 것은 어찌할 수 없는 것이
죠. 그럼에도 불구하고 구별을 위하여, 표현이 다소 대담할지라
도, 믿음에 의존하는 모사를 "믿음에 의한 모사술"[254]이라 부르
e 고, 앎에 의존하는 모사를 "아는 모사술"이라 부릅시다.

테아이테토스 그렇게 하시죠.

손님 앞의 것만 다루면 됩니다. 소피스트는 아는 자들이 아니라 모사하는 자들에 속하니까요.

테아이테토스 확실히 그렇습니다.

손님 믿음에 의한 모사자를, 마치 이자가 쇠인 것처럼 살펴봅시다. 이 쇠가 깨지지 않는 것인지, 아니면 둘로 나뉘는 어떤 균열을 그 자체 안에 가지고 있는지 보기 위해서 말입니다.

테아이테토스 그렇게 살펴봅시다.

손님 그것은 아주 큰 균열을 가지고 있습니다. 이들 중 한쪽은 순
268a 진한데, 이는 그가 믿고 있는 것을 알고 있다고 생각하기 때문입
니다. 다른 쪽 사람의 모습에는, 그가 논증들 속에서 뒹굴어 보

았기 때문에, 다른 이들 앞에서는 어떤 것을 알고 있는 양 모습을 취하기는 하지만 실제로는 자신이 그것을 모른다는 강한 의구심과 두려움이 포함돼 있습니다.

테아이테토스 실제로 이들은 당신이 말한 각각의 종류에 속합니다.

손님 그럼, 한쪽은 단순한 모사자라고, 그리고 다른 쪽은 위장(僞裝)하는[255] 모사자라고 우리가 놓을까요?

테아이테토스 그럴법합니다.

손님 그런데 위장하는 모사자의 종류는 다시 하나라고 말할까요, 아니면 둘이라고 말할까요?

테아이테토스 당신이 직접 보시지요.

손님 제가 보지요. 나에게는 두 사람이 분명히 나타납니다. 공적 b
인 모임의 대중 앞에서 긴 연설로 위장할 수 있는 한 사람을 나는 봅니다. 그리고 또 한 사람을 보는데, 이자는 사사로운 모임에서 짧은 말로 위장하되, 같이 대화하는 사람으로 하여금 스스로 모순되는 말을 하게끔 강제하는 사람입니다.[256]

테아이테토스 옳은 말씀입니다.

손님 긴 연설을 하는 자를 우리는 무엇이라고 밝힐까요? 정치가인가요, 아니면 대중선동가인가요?

테아이테토스 대중선동가입니다.

손님 다른 한 사람은 무엇이라고 부를까요? 현명한 자입니까, 아니면 소피스트인가요?

테아이테토스 그가 현명하다는 것은 불가능합니다. 우리는 그를
c 알지 못하는 자로 놓았기 때문이죠. 그러나 그는 현명한 자[257]를
모사하는 자이므로, 그가 이 사람으로부터 파생한 어떤 이름을
얻는다는 것은 분명합니다. 바로 이자를 전적으로 진정한 "소피
스트"라고 우리가 진실로 불러야 한다는 것을 이제 나는 거의 이
해했습니다.

손님 그럼, 앞에서 했던 것처럼, 그의 이름을 끝에서부터 처음까지 함께 엮어 짜서 묶을까요?

테아이테토스 물론입니다.

손님 모순을 만드는 기술에서, 위장하는 기술에서, 믿음에 의존
하는 기술에서 나온 모사자(模寫者) 그리고 유사 닮음을 만드는
종족에서, 모상 제작술에서 나와서 신적인 것이 아니라 인간적
d 인 것을 제작하는 부분 그리고 말로써 볼거리를 만드는 부분[258]
으로 구분된 자, 바로 "이런 가계와 혈통으로부터"[259] 진정한 소
피스트가 나왔노라고 누군가라도 주장한다면, 그는 가장 진실된
말을 하는 것 같습니다.

테아이테토스 전적으로 그렇습니다.

주석

1 『테아이테토스』 210d. 『소피스트』의 대화는 드라마적 시간 배열에 있어 『테아이테토스』의 대화에 바로 이어지는 것으로 구성되었다. 『소피스트』의 대화에 참여하는 세 사람은 그 전날의 대화자와 동일하다. 그 세 사람은 1. 소크라테스, 2. 소크라테스의 외모를 닮은 젊은 기하학자 테아이테토스, 3. 테아이테토스의 선생 테오도로스이다. 여기에 테아이테토스의 친구인 젊은 소크라테스, 그러니까 소크라테스의 외모가 아니라 소크라테스의 이름만 닮은, 또 한 사람의 소크라테스가 추가된다. 하지만 이 젊은 소크라테스는 두 대화편 모두에서 말없이 듣기만 한다. 전날의 대화에서 소크라테스는 테아이테토스에게 "앎은 무엇인가?"라는 질문을 하지만 이에 대한 테아이테토스의 답변은 성공적이지 못했다. 게다가 소크라테스는 멜레토스에 의해 제기된 기소에 대해 변론을 하기 위해 자리를 떠나야만 했다. 그래서 소크라테스는 다음날 이야기를 계속하자는 제안으로 대화를 끝맺는다. 『테아이테토스』에서의 끝맺음은 테아이테토스와 소크라테스 사이의 대화가 연장되리라는 기대를 갖게 한다. 하지만 테오도로스가 엘레아 손님을 대화에 데려오면서 대화의 주된 구도가 전날과 달라진다.

2 낯선 자를 보호하는 : '낯선 자를 보호하는'은 'xenios'의 번역어이다. 이 단어는 명사 'xenos'에서 왔다. 'xenos'는 '낯선 자' 혹은 상호 호혜적 관계를 맺은 '손님'을 뜻한다.

3 『오뒤세이아』 9. 270, 17. 483~487.

4 『오뒤세이아』 17. 486.

5 소피스트, 정치가, 철학자의 순서는 216d에서 언급된 순서와 달라졌다. 이 언급을 토대로 피정의항의 순서는 (아마도 난이도에 따라?) 소피스트, 정치가, 철학자로 배열되며, 그런 점에서 『소피스트』, 『정치가』, 『철학자』는 한 세트의 삼부작을 구성하는 것으로 추론할 수도 있겠다. 하지만 『철학자』는 집필 계획은 되었지만(『소피스트』 253e, 258a, 『정치가』 257a~c 참조) 집필 실행은 되지 않은 것으로 보인다.

6 인색하지 않습니다 : '인색하지 않음'은 신의 속성 중의 하나이다.

7 『파르메니데스』 126b~c.

8 짧은 말과 말의 대화로 진행하는 대신에, 긴말을 마치 과시적 연설을 하듯이 나 혼자서 혹은 심지어 다른 이 앞에 늘어놓으려 하자니 : 논의 진행의 세 가지 방법이 제시된다. 첫째, 단절되지 않은, 혼자서 말하는 논의이며, 이는 소피스트적 수사가 선호하는 방법이다. 둘째, 다른 사람 앞에 질문의 형태로 개진되는 논의이기는 하나, 이 질문에 대해 응답자는, 『파르메니데스』의 젊은 아리스토텔레스가 그러하듯, 단지 "예" 혹은 "아니요"로만 답변할 뿐이다. 셋째, 응답자의 답변이 논의의 발전에 기여를 하는 식으로 전개되는 대화적 방법이다. 세 번째를 선택하는 손님의 태도를 미루어 보아 우리는 그가 소크라테스 혹은 플라톤의 변론술을 이해하고 있다고 말할 수 있다.

9 특별히 당신이 그렇게 말을 했음에도 불구하고 : 216b "낯선 자를 보호하는 신"에 대한 언급을 말한다.

10 여기에 있는 소크라테스를 끼웁시다. 이 사람은 소크라테스와 동명인이지만 나와 동년배로서 나와 같이 운동을 하는 사람이며, 많은 사안에 있어서 나와 같이 힘들게 일을 하는 데 익숙해져 있는 사람입니다 : 젊은 소크라테스는

『정치가』에서 대답자의 역할을 한다.

11 **토론** : '토론'에 상응하는 단어는 'logos'인데, '정의' 혹은 '설명'으로 새길 수도 있다.

12 **처음에는 존재하지 않았지만 나중에 존재하도록** : 예들이 보여 주듯이, 이것이 무로부터의 창조는 아니다.

13 **영혼이 있는 동물에 대한 사냥** : 식물은 이 문맥에서 '살아 있는 것'에 포함되지 않고 있다. 식물은 도망을 다니지 않기에, 식물에 대한 예속적 획득은 '은밀히' 행해지지 않는다. 그런 의미에서 식물 획득은 사냥 범주에 속하지 않는다.

14 이 구분은 사냥 대상의 성격이 아니라 사냥 방법의 성격에 따른 구분.

15 불빛을 이용하느냐 혹은 갈고리를 이용하느냐에 따른 구분, 즉 사냥 도구에 따른 구분이다.

16 갈고리 물고기 사냥의 반은 밑에서 위로 끌어당기면서 후려치는 사냥이기 때문입니다. 바로 이런 행위 자체로부터 그와 닮은 이름이 나와, 우리가 찾았던 대상, 즉 '낚시술'이 명명되었습니다 : 엘레아의 손님은 '낚시'(aspalieusthai)라는 말은 어원적으로 밑에서 위로 끌어당기는 행위(anaspan)로부터 파생한다고 주장한다.

17 **진짜 똑똑한 자** : '진짜 똑똑한 자'의 그리스어는 'alêthôs sophistês'. 엘레아의 손님은 단어 '소피스트'(sophistês)를 가지고 언어유희를 하고 있다. 표면적 혹은 명시적 의미에 있어서 이 단어는 한 기술을 능숙하게 다룰 줄 아는, 그런 의미에서 똑똑한 혹은 지혜로운 자를 가리킨다. 그러나 이 단어의 함축적 의미에는 '교활함'도 있어서, 이를 통해 소피스트의 본질적 속성, 즉 기만성을 드러내고자 하는 복선도 엿보인다. 여기에 손님은 '진짜'라는 부사를 앞에 갖다 붙여 두 의미 사이의 긴장도를 더 높이고 있다.

18 **법정연설 기술, 대중연설 기술 그리고 사교대화 기술** : 장소에 따른, 수사적 설득의 세 가지 형태이다.

19 법정연설 기술과 대중연설 기술은 후자에, 사교대화 기술은 전자에 속

한다.

20 '사냥', 즉 설득 방식에 따른 구분.

21 **탁월함** : '탁월함'(excellence)에 상응하는 그리스어는 'aretê'. 'aretê'가, 지금 이 문맥에서처럼, 인간에 국한되어 사용될 때에는 '덕'(德, virtue)으로도 번역될 수 있다.

22 219d.

23 **두 번째 방식** : 첫 번째 방식은 '부유하고 잘 알려진 젊은이들에 대한 사냥'(223b)이다.

24 **세 번째 방식도 있습니다. … 항상 '소피스트적'이라고 부를 것으로 보입니다** : 세 번째 방식은 말과 배울 수 있는 것들을 다루되 탁월함을 (때로는 직접 고안해서) 파는 소매술이다. 이 세 번째 방식으로부터 '직접 고안해서 파는 소매술'이라는 표현을 독립시켜 하나의 이름으로 만들면, 이는 소피스트를 찾는 네 번째 방식이 될 것이다. 이렇게 되면 두 번째~네 번째 방식은 모두 하나의 공통점을 갖는다. 즉 첫 번째 방식에 의하면 소피스트는 일종의 사냥꾼으로 나타나지만, 두 번째~네 번째 방식에 의하면 일종의 장사꾼으로 나타난다.

25 219d에 따르면, 획득술에서 교환술과 예속의 기술로, 예속의 기술에서 경쟁술과 사냥술로 갈리었다.

26 **'반박'** : antilogikon.

27 **'쟁론적(爭論的)인' 것** : eristikon.

28 **저 놀라운 소피스트가 이제 네 번째로** : 세 번째 방식은, 말과 배울 수 있는 것들을 다루되 탁월함을 (때로는 직접 고안해서) 파는 소매술이다 (224d~e). 그러므로 소피스트는 때로는 사냥꾼(첫 번째)에, 때로는 장사꾼(두 번째와 세 번째)에, 때로는 쟁론가(네 번째)에 속하는 것으로 나타난다.

29 **본보기** : '본보기'의 그리스어는 'paradeigma'. 218d 참조.

30 지금까지의 주된 분할 방법은 시작부터 아주 포괄적인 유로부터 출발해서 분할을 해 나가는 것이었다면, 지금 드러나는 방법의 특징은 구

체적이고 개별적인 예들로부터 시작해서 이것들을 포함하는 유를 일단 모은 다음 분할하는 것이다. 작은 것들로부터 출발해 큰 것을 일단 모으는 이 방법의 특징과, 다른 한편으로 소피스트의 기술을 분리 기술로 규정하는 시도 사이에 어떤 관계가 숨어 있음을 추정할 수 있다.

31 **논의의 방법은 모든 기술들을 동등하게 존중하며, 그 유사성을 따라가기에 어느 것을 어느 것보다 더 우스운 것으로 간주하지 않습니다** : 『정치가』 266d.

32 **논의의 방법은 사고에 관한 순화를 다른 순화들로부터 구분해 내려는** : 특정 분리 기술을 다른 것들로부터 분리하고 있다. 언급의 대상이 되는 언어가 동시에 사용되고 있다. 즉 '분리(기술)'라는 단어는 화제 대상이기도 하지만 동시에 화제 대상들을 언급할 때 사용되는 단어이다. 분리 기술은 논의의 대상이지만 이 기술을 논의하는 과정이 곧 '분리하는' 과정이기도 하다. 나아가, 이런 점에서 '논의의 방법'은 어떤 종류의 분리 기술이다.

33 **악덕은 영혼 안의 덕과 다른 어떤 것이라고 말들을 하지요?** : '덕'의 원어는 aretê(문맥에 따라 '탁월함'으로도 번역 가능하다), '악덕'의 원어는 ponêria.

34 **불일치** : diaphora.

35 **불균형적인** : 불균형(ametria): 문자 그대로 새기면, metron(적도, 척도)이 결여된 것.

36 **운동에 참여하고 어떤 표적을 놓고 이를 맞히려 시도하는 모든 것들이 표적에 달려들 때마다 이로부터 비켜나고** : 영혼의 추함은 운동이 표적으로부터 비켜나는 것(para-phora)이고, 영혼의 내분은 구성 요소들의 상호 불일치, 즉 방향이 서로 맞지 않는 것(dia-phora)이다. 비켜나는 현상은, 공통의 표적은 있지만, 공유하는 공통의 척도(metron)가 없기 때문에 발생한다.

37 무지가 영혼 내적 일로 그치게 되면 사람들은 굳이 그것을 '나쁨'이라고 부르지 않는다는 뜻. 영혼의 무지가 영혼 바깥의 사태에까지 영향을 주게 되면, 사람들은 이런 무지를 나쁜 것으로 인정할 수도 있다는 함

축이 들어 있다.

38 정의의 여신 : dikê('정의'로도 번역 가능하다).

39 『정치가』 262b : "중간을 자르는 것이 보다 안전하다."

40 '위대한 제왕' : 아마도 페르시아의 제왕. 드라마적 연대기를 따른다면, 소크라테스가 사형 집행되었던 연도(기원전 399년)의 아르타크세르크세스(Artaxerxes) 2세.

41 또한 늑대도 개와 닮았죠. 앞의 것은 가장 사나운 것이고 뒤의 것은 가장 길들여진 것이지만 말입니다. 조심스러운 사람은 무엇보다도 유사성에 관련해 항상 주의를 해야 합니다. 그런 종류는 아주 미끄럽기 때문입니다 : 진정한 변증술은 외적인 유사성이 주는 기만성에 속지 않는다는 아이디어에 관해서는 『파이드로스』 261e 참조. 길들여진 동물(개)과 야성적 동물(늑대)의 구분은 인간의 길들여진 사회적 본성(『소피스트』 222b~c)과 소피스트의 야만성에 대한 숨겨진 구분을 함축. 인간을 위한 수호자 역할로서의 개의 본성에 관해서는 『폴리테이아』 375c~e. 좋은 교육을 받으면 인간은 가장 유순한 동물이 되지만 그렇지 않을 때에는 가장 거친 동물이 된다는 아이디어에 관해서는 『법률』 766a 참조(유사한 생각은 또한 아리스토텔레스 『정치학』 I, 1235a 32ff.).

42 나타난 : paraphainesthai. 논의 대상의 속성(즉 이 모습 혹은 저 모습으로 나타나는 소피스트의 외양)이 논의 자체에로 전이됨. 달리 말하면, 지금의 구분 및 정의는 소피스트의 실제적 본성에 대한 것이라기보다는 소피스트가 우리에게 나타나는 외양에 따른 구분 및 정의이므로, 이런 구분을 담고 있는 이 논의 역시 그런 맥락에서 우리에게 '나타난 것'이다.

43 "모든 움켜잡는 공격을 다 피하는 것은 쉽지 않다."라는 속담 : 레슬러들 사이의 속담이다.

44 경쟁 기술의 선수로서 : '경쟁 기술': 219d.

45 나타나는 모습 : phantasma. 동사 '나타나다'(phainesthai)는 231b~d에 이미 출현했다.

46 225b.

47 그는 다른 사람들에게 바로 이것을 가르치는 자 : 229a ff. 참조.

48 처음 : archê. archê는 시간적 순서상 출발점이라는 뜻도 있으나, 사물의 기원이나 근거에 있어서 출발점이라는 뜻도 있다.

49 법률과 폴리스의 일 전체에 관해서는 어떤가요? 이 점에서도 그들은 다른 이들을 말다툼에 능한 자 : 232a 이하의 반박술은 225b의 반박술보다 그 외연이 확장된 것이다. 225b에서 '반박술'은 '질문과 답변에 의해 잘게 잘려서 그리고 사사로운 방식으로 이루어지는 말다툼 기술'로 정의된 바 있다. 225b에서 반박술은 법정과 같이 공적인 영역에서 이루어지는 주제에 관한 논쟁은 포괄하지 못하는 것이었다. 이제 232a 이하에서 등장하는 반박술은 '법률과 폴리스의 일 전체'와 같은 주제도 포괄할 정도로, 나아가 모든 생성과 존재까지 다룰 정도로 그 외연이 넓어졌다. 반박술의 의미 확장으로 인해서, 225b에서 보다 넓은(즉 '반박술'을 포함하는) 개념으로 쓰였던 '말다툼 기술'이 여기 232d에서는 '반박술'과 의미상 교환 가능한 단어로 쓰이고 있다.

50 디오게네스 라에르티오스 제9권 55에 언급된 프로타고라스 저술 리스트에는, 『씨름에 관하여』 그리고 『보수를 받기 위한 법정 연설. 반박 논증들(Antilogiai). 제1권과 제2권』이 포함되어 있다.

51 가능한 : "가능한"이라는 번역어 대신에 "할 수 있는"도 가능하다. "능력"(dynamis)은 "할 수 있음"(dynaton)으로부터 온 파생어이다.

52 모든 것을 알 수가 있는지 말입니다 : "모든 것을 알고 있음"에 관련된 소피스트적 아이디어에 관해서는 플라톤의 『에우튀데모스』 293e ff. 참조.

53 가짜 지식 : doxastikê epistêmê. 참조: 231b '가짜 지혜'(doxosophia), 223b '가짜로 교육하는 기술'(doxopaideutikê). "doxastikê"에 출현하는 형용사화 어미 "-stikê"의 의미를 살려, "doxastikê epistêmê"를 "믿음(doxa)을 산출하는 지식"으로 새길 수도 있겠다.

54 『폴리테이아』 596c 참조.

55 장난 : paidia. '놀이'로도 번역 가능하다.

56 『폴리테이아』 602b 참조.

57 당신은 모든 것들을 한 종류로 모아 와서는, 광범위하고 매우 다채로운 종류 : 모방술(mimêtikê)을 지시한다.

58 모상 : eidôlon. '이미지', '영상'(映像)으로 새길 수도 있다.

59 가능해집니다 : 필사본의 "ou dynaton"을 Burnet을 따라 "au dynaton"으로 읽음.

60 장난에 참여하는 자들 중 : 휴스데(Heusde)를 따라 "merôn"을 삭제하고 읽음.

61 소피스트를 규정하는 큰 범주는 이제 획득 기술이 아니라 "만드는 기술"(혹은 제작술)로 옮겨지게 된다. 219b 참조.

62 제왕의 말에 의해 내려진 명령에 따라 그를 붙잡아야 할 것입니다 : 아마도 헤로도토스 『역사』 III 149와 VI 31에서 "sagêneia"(원래 뜻 : 큰 그물로 잡기)라고 명명된, 페르시아식 포위 전술. 둥글게 손에 손을 잡고 줄을 맞춰 전진하여 적을 포위, 소탕하는 병법. 이는 단 한 사람의 적도 빠져나가지 못하게 하는 전술인데, 이 전술은 235c "사물을 각각에 따라 그리고 또한 전체에 따라 추적할 수 있는" 변증술(dialektikê) 방법과 일맥상통한다. 235b에서 '제왕의 말(logos)'이라는 표현은 페르시아 황제의 명령을 지칭하면서 또한 동시에 변증술적 논증의 힘과 권위를 암시. 변증술을 강조하고자 한다면, '왕의 말' 대신에 '제왕적 논증' 혹은 '제왕적 이성'으로도 번역 가능하다. "sagêneia"에 관해서는 『법률』 698c~d 참조: "다레이오스 왕은 다티스를 특별히 아테네인들과 에레트리아인들에게 보내어 그들을 노예로 만들어서 끌고 오게 할 생각이었습니다. 그래서 만약 다티스가 그렇게 하지 못하면 그를 죽이겠다고 위협했습니다. 그리하여 다티스는 에레트리아인들을 짧은 시간에 수적인 규모에 의지해서 힘으로 완전히 굴복시켰습니다. 그러고는 단 한 명의 에레트리아인도 그의 공격을 피하지 못했다는 무시무시한 소식을 우리나라에 전했습니다. 실제로 다티스의 병사들이 손에 손을 연결하여 에레트리아 전체를 훑었다는 것입니다."(『메넥세노스』 240b도 참조.)

63 모습 : idea. 여기서 'idea'라는 단어가 일상적 용어를 넘어서서 철학적

전문용어로서 사용되었다고 볼 필요는 없다. 하지만 『파르메니데스』 130c 이하에서 제기된 문제의식, 즉 "어디까지 이데아가 존재하는가? 머리카락, 진흙, 먼지와 같은 사소한 대상도 이데아를 가지는가?"라는 문제의식이 '소피스트의 이데아'라는 표현 뒤에 숨어 있을 수도 있다.

64 **유사 닮음** : phantasma. 문자 그대로 새기면, '그렇게 보이는 것'. 이것은 원본의 닮은꼴조차도 못된다. 다만 원본의 닮은꼴로 보일 뿐이다. 이것은 그런 점에서 원본으로부터 한 번 더 떨어져 있다.

65 "거짓이 정말로 있다."라는 진술.

66 **있지 않은 것이 있다** : 그리스어로는 "to mê on einai", 영어로 표현하면 "Non-being is" 혹은 "What is not is." 이와 관련하여 세 가지를 지적하겠다. 첫째, 이 문맥에서 그리스어 "einai"(영어: be)는 "있다"(존재하다)의 의미도 갖지만 그와 동시에 "~이다"의 의미도 가진다. 그리스어 "on"은 "einai" 동사의 명사화된 분사(영어: being)이고, "mê"는 영어의 "not"(non)에 상응하고, "to"는 정관사이다. 그러므로 그리스어 문장 "to mê on einai"에 대해 "있지 않은 것이 있다"(비(非)존재가 존재한다)라는 우리말 문장을 번역으로 줄 수도 있지만, 그와 동시에 "~이지 않은 것이 ~이다"라는 우리말 문장도 줄 수 있다. 둘째, 『테아이테토스』 188d 이하에서 말하고 있듯이, "거짓을 말하는 것"은 "있지 않은 것(혹은, ~이지 않은 것)을 말하는 것"이고, 따라서 "거짓"은 "있지 않은 것"(혹은, ~이지 않은 것)이다. 그러므로 거짓이 있다고 말하는 것 혹은 거짓말(혹은 거짓에 대한 믿음)이 있다고 말하는 것은, 있지(~이지) 않은 것이 있다(~이다)고 말하는 것과 동일하다. 셋째, "einai"의 이중적 의미가 야기하는 번역상의 불편함을 편의적으로라도 해소하기 위해, 역자는 앞으로 이런 문맥 하에 쓰인 그리스어 동사 "einai"에 대해서 가능한 한도 내에서 일관적인 번역어를 할당할 것이다. 즉 역자는 동사 "einai"에 대해서 "있다"(존재하다)라는 번역어를, 분사 "on"에 대해서 "있는 것"(존재)이라는 번역어를, 그리고 이 둘의 문법적 부정에 대해서는 각각 "있지 않다"(존재하지 않다)와 "있지 않은 것"(비(非)존재)을 웬

만하면 할당할 것이다. 다시 말해서, 우리말의 구조상 "있음"의 의미가 안 통하는 경우에만 그리고 오직 그런 경우에만 "~임"(혹은 "~인 것")의 번역어를 선택할 것이다.

67 딜스/크란츠 28B7, 1~2 = 김인곤 외, 『소크라테스 이전 철학자들의 단편 선집』 파르메니데스 토막글 13.

68 그 어떤 점에서도 있지 않은 것 : to mêdamôs on.

69 그 어떤 있는 것들에도 : 'ti'를 'epi' 앞에 삽입하여 읽음.

70 각각 그리스어 단수, 양수(兩數, dual), 복수.

71 그런 자는 아무것도 아닌 것을 말하지만 말은 한다는 : Schleiermacher를 따라 'ti'를 삭제해서 읽음.

72 237a의 '진술'.

73 처음 : archê. 232b 각주 참조.

74 여럿이든 하나이든 : 즉 복수이든 단수이든.

75 사유될 수도 없고, 말할 수도 없고, 언표될 수도 없고, 말이 안 되는 것 : 네 가지 단어에 짝하는 원어는 순서대로, adianoêton, arrêton, aphthegkton, alogon. 마지막 단어 'alogon'은 '설명 가능하지 않는 것' 혹은 '의미 없는 것'으로도 번역 가능하다. 플라톤의 『파르메니데스』 134a "있지 않은 것에는 logos가 없다."라는 언명 참조.

76 파르메니데스에 따르면, 우리는 있지 않음의 길을 "사유될 수 없는(anoêton) 이름 없는(anônymon) 길"로 그냥 내버려 두어야 한다. 이는 참된 길이 아니며 탐구의 길이 될 수 없다. 딜스/크란츠 28B8, 16~18 = 김인곤 외, 『소크라테스 이전 철학자들의 단편 선집』 파르메니데스 토막글 14, 16~18.

77 238a.

78 우리는 더 심각하게 난처한 문제를 말할 수 있지 않을까요? : Winckelmann(그리고 이를 수용한 Burnet)을 따라 "to de … echomen"으로 읽고, 이를 엘레아의 손님의 언명으로 돌림.

79 Winckelmann(그리고 이를 수용한 Burnet)을 따라 "tina dê"로 읽고, 이

를 테아이테토스의 언명으로 돌림.

80 ~임 : 손님이 바로 앞에서 한 언명 "그것은 언표될 수도, 말할 수도, 이해 가능하지도 않은 것이다."에서 술어부의 부분 "~이다"(einai, be)를 우리말로 명사화시킨 것. 237a 주석에서 밝혔듯이, 그리스어 "einai"(영어: be)는 "있다"(존재하다)의 의미도 갖지만 그와 동시에 "~이다"의 의미도 가진다.

81 ~임 : 필사본에는 'touto'(이것). 필사본처럼 읽지 않고 'to to'로 읽자는 제안(F. Cornford, *Plato's Theory of Knowledge*, London 1935, p.207)도 있다. 'to'는 정관사(영어: the). 만일 이 제안을 받아들이면 이 문장은 "그러면 나는 정관사를 그것에 덧붙임으로써 …"로 번역된다.

82 Burnet을 따라 "eme re ti tis"로 읽음.

83 **사용** : "chreia"는 "사용" 이외에 "결핍, 부족"이라는 뜻도 있다. 따라서 "말의 결핍에 근거해서"로 옮길 수도 있다.

84 **이 젊은 친구** : 일반적으로 1세대 소피스트들이 젊은 연령에 있었다는 사실을 기술한다기보다는, 1세대 소피스트에 의해 영향을 받고 훈련을 받아 또 하나의 소피스트로 성장한 젊은이들을 지칭하는 것으로 보인다.

85 **오직 당신의 말로부터 나오는 것에 대해서만** : 말(logos, 논의)로부터 나오는 것에 대해서만 집중하는 것은 소크라테스의 변증술(예: 『메논』 74d "말을 좇아가기", 혹은 『파이드로스』 265d "자기 자신과 일치하는 말")이 보여주는 특징이기도 하다. 하지만 이로부터 소피스트 기술과 소크라테스적 변증술을 동일화해서는 곤란하다. 소피스트 기술은 소크라테스적 변증술과 외견상 유사해 보일 뿐이다.

86 **그와 같은 참된 다른 것** : 참됨(혹은 실재성 혹은 존재)에 있어서 원본과 같은 그러나 원본 자체는 아닌 것.

87 Burnet을 따라 ouk ontôs [ouk] on으로 읽음. 즉 두 번째 "ouk"를 삭제하고 읽음.

88 **그것이 정말로 닮은 것이라는 것만** : 혹은, "그것이 정말로 닮은 것으로 있다는 것만"으로도 번역 가능하다. 237a 주석에서 설명했듯이, 그리

스어 einai(영어: be)는 우리말에 있어서 "있음"으로도, 또한 "~임"으로도 새길 수 있다.

89 Burnet을 따라 ouk ontôs [ouk] on으로 읽음.

90 **그것은 정말로 있는 것은 아니면서 우리가 "닮은 것"으로 부르는 것으로 정말로 있습니다** : 혹은, "그것은 정말로 ~인 것은 아니면서 정말로 우리가 "닮은 것"으로 부르는 것입니다."로도 번역 가능하다.

91 역설적으로 들리지만 논점은 다음과 같다. 즉 정말로 있는 것은 아니면서 정말로 (닮은 것으로) 있다. 이 논점은 다른 식으로도 표현 가능하다. 즉 모상은 참된 것은 아니지만 참으로 닮은 것이다(혹은, 모상은 실재는 아니지만 닮은 것으로서 실재한다). 이 논점과 관련하여 『티마이오스』 52c의 언명("닮은 것(eikôn)은 어떤 식으로든지 존재(ousia)에 매달린다. 그렇지 않으면 그것은 전적으로 아무것도 아닌 것(mêden to parapan)이 될 위험에 처한다.") 참조.

92 **있는 것들과 반대되는 것들** : 친절한 그러나 덜 정확한 번역은 "사실과 반대되는 것들".

93 **거짓 믿음이 있게 되겠죠** : 혹은 "… 믿음이 거짓이 되겠죠?"로도 번역 가능하다.

94 **그 어떤 점에서도 있지 않은 것들** : ta mêdamôs onta: 파르메니데스의 '증언'이 소개되었을 때 처음 언급되었던 표현어와 동일한 표현어(237b).

95 **어떤 점에서는** : pôs. "그 어떤 점에서도"(mêdamôs)와 모순항.

96 **있지 않은 것들** : 테아이테토스는 손님의 표현("그 어떤 점에서도 있지 않은 것들")을 동일하게 반복하는 대신, "어떤 점에서도"를 생략한 채 "있지 않은 것들"이라는 표현을 언급하고 있다.

97 거짓 판단 (A) "전적으로(pantôs) 있는 것들은 그 어떤 점에서도 있지 않다."는 바로 위에서 손님이 표현한 거짓 판단 (B) "그 어떤 점에서도 있지 않은 것들은 어떤 점에서는 있다."의 주어와 술어의 각 반대항으로 구성되어 있다. 무슨 말인고 하면, 판단 (A)의 주어 "전적으로 있는

것들"의 반대항은 "그 어떤 점에서도 있지 않은 것들"(판단 (B)의 주어)이고, 판단 (A)의 술어 "그 어떤 점에서도 있지 않다"의 반대항은 "어떤 점에서는 있다"(판단 (B)의 술어)이다.

98 **확실하게 동의되어 있다면** : 사본 BW을 따라 "pros-di-ômologêmena"로 읽음(사본 T는 "pro-di-ômologêmena"). 이 동의에 관해서는 238c를 보라.

99 **언표될 수도 없고, 말할 수도 없고, 사유될 수도 없고, 말이 안 되는 것으로 우리 사이에 확실하게 동의되어 있다면 말입니다** : 몇몇 학자들(Burnet, Cornford)은 Madvig를 따라 "aphthegkta … adianoêta"("언표될 수도, 말할 수도, 이해 가능하지도, 사유될 수도 없는 것으로")를 삭제하고 읽기도 한다. 하지만 역자는 이를 삭제할 이유가 없다고 본다. Cornford(p.213~4)는, 이 문맥에 와서는 절대적 비존재(absolute nonentity)에 관한 논의는 이제 이미 완전히 배제되어 있다는 점 그리고 동의된 것은 절대적 비존재에 관한 것이 아니라 "있는 어떤 것을 있지 않은 것에로 덧붙일 수 없다"(238a)는 수준의 일반적인 명제에 관한 것이라는 점을 들면서 삭제 이유를 밝히고 있다. 하지만 Cornford 식의 사본 읽기를 받아들이지 않아도 되는 이유는 있다. 일단 모든 판본들은 "aphthegkta … adianoêta"를 보존하고 있다. 나아가, 파르메니데스 경구에 대한 해석 작업은 아직 끝나지 않은 것으로 보아야 하며, 이런 한에서 손님이 볼 때 "있지 않은 것"에 관한 의미와 진상의 발견은 현재 진행형이다. 즉 파르메니데스의 강력한 경구는 아직 논파되지 않았다. 이 경구가 아직 논파되지 않은 한에서 "있지 않은 것은 언표될 수도, 사유될 수도 없다."는 파르메니데스식 합의는 여전히 유효하다. 파르메니데스의 경구와 이에 따른 합의가 아직 유효한 한에 있어서, 손님이 "있지 않은 것의 있음"이라는 표현에 대해서 "어떤 점에서도 있지 않은 것의 있음"으로 보다 강력하게 풀어서 접근하려는 태도는 이해 가능하다. 파르메니데스 경구에 대한 논파는 254d 혹은 258c까지 기다려야 할 것이다. 254d 혹은 258c에 가서야 그 논파의 논점(즉 비존재는 정말로 비존재로서 있고, 그런 점에서 그것의 존재는 부인되지 않고 어떤 방식

으로 조건화된다.)이 보다 분명해질 것이다.

100 있는 것들은 세 개이고, 이것들 중 어떤 것들은 때로는 어떤 식으로 서로 싸우지만 또 그러고 나서는 서로 친해져서 결혼을 하고 출산을 해서 아이들을 양육합니다 : 이 말은 6세기 중반경 페레퀴데스(Pherekydes)의 주장(제우스, 크로노스, 땅)이라는 제안(R. Campbell)도 있으나 확실하지 않다.

101 그리고 있는 것은 두 개, 즉 습한 것과 마른 것 혹은 더운 것과 차가운 것이라고 말을 하는 또 다른 사람은 이것들을 같이 살게 하고 결혼을 시켜서 내보냅니다 : 이 주장은, 디오게네스 라에르티오스 II, 16에 기대어 5세기경 아르케라오스(Archelaos)의 것이라고 추측할 수도 있겠지만, 역시 확실하지는 않다.

102 아리스토텔레스 『형이상학』 986b22에 의하면, 크세노파네스는 존재를 하나로 통일시키는 자였고, 파르메니데스의 스승이었다.

103 하나 : "ontos"에 강조점을 주어서 번역한다면, "하나의 존재"로 새길 수도 있다.

104 보다 예민한 뮤즈들의 말에 따르면, 그것은 서로 갈라지면서 언제나 항상 함께 모이기 때문입니다 : 헤라클레이토스(참조 : 딜스/크란츠 22B51 : 활과 리라처럼 서로 갈라지면서 자기 자신과 일치되는 것). 헤라클레이토스는 에페소스(Ephesos) 출신이므로 "이오니아 뮤즈".

105 아프로디테 : 사랑과 미(美)와 성애(性愛)를 상징하는 여신.

106 그리고 보다 부드러운 뮤즈들은 … 하나이고 서로 친하기도 하고, 때로는 그것은 어떤 불화에 의해 여럿이고 서로 적대적입니다 : 엠페도클레스(참조 : 딜스/크란츠 31B17, 7~8). 엠페도클레스는 아그리겐툼(Agrigentum) 출신이므로 "시칠리아 뮤즈".

107 다른 입장이나 다른 관점을 고려하지 않으면서 자신의 이론만 일방적으로 개진하는 전통적 방식에 대한 비판은 아리스토텔레스 『형이상학』 1000a9, 1091b9 참조.

108 여럿이든 하나든 둘이든 간에 그것이 "있다." 혹은 "생성되었다." 혹은 "생성된다."라고 언표하면서 말한다면 : "그것은 여럿 혹은 하나 혹은 둘'이

다', 혹은 여럿 혹은 하나 혹은 둘로 '생성되었다', 혹은 '생성된다'라고 언표하면서 말한다면"도 가능한 번역이다.

109 자세히 물어보는 식으로 탐구 방법 : "옛이야기"처럼 일방적으로 자신의 말을 개진하는 것이 아니라 묻고 질문하는 대화를 통해 검토하는 방법, 즉 변증술적(辨證術的) 방법.

110 모든 것들 : 혹은 "만물".

111 두 가지 경우 모두에 있어서 둘이 아니라 하나가 있는 것이 되니까 말입니다 : "두 가지 경우 모두에 있어 양자는 둘이 아니라 하나가 되니까요."로도 번역 가능하다.

112 모든 필사본마다 읽는 방식이 각기 다른 문장. 제시된 번역은, 버넷을 따라 "kai to hen ge henos onoma on kai tou onomatos au to hen on."으로 읽은 것에 근거함. 이렇게 되면 원문 문장의 의미는, "이름을 사물과 다른 것으로 놓는" 원래 가정으로 돌아가게 되는 결과가 발생함을 뜻함. 대안적으로, 뷔데(Budé) 판을 따라 "kai to hen ge, henos hen on monon, kai tou onomatos auto hen on."으로 읽는다면, 우리말 번역은 "그래서 하나는, 단지 하나에 대한 하나라서, 그 자체가 또한 이름에 대한 하나입니다."가 된다. 이렇게 되면 원문 문장의 의미는 바로 앞의 어려움("이름은 단지 이름의 이름일 뿐이다.")에 대한 부연설명이 된다.

113 하나 : 혹은 "존재하는 하나".

114 토막글 8.43~5. 김인곤 외, 『소크라테스 이전 철학자들의 단편 선집』에서 인용.

115 있다면 : 혹은 '있는 것이라면'.

116 전체가 있는 것이기에, (원래 화제 대상인) 있는 것은 있음을 부여받을 수 없다. 즉 있는 것은 있다고 말할 수 없다.

117 동일한 어려움들이 있는 것에 속하게 됩니다 : "동일한 어려움들": (1) 있는 것은 전체를 부여받을 수 없으므로, 있는 것은 전체가 되지 못하고 따라서 통일성(하나임)을 갖지 못한다. 그러므로 있는 것은 자기 자신

에게 모자란다. (2) 있는 것은 전체를 부여받을 수 없으므로, 있는 것은 부분들로 나눠진 것으로서만 남게 된다. 그러므로 복수의 부분들만 있으므로, 모든 것은 하나보다 많아진다.

118 **존재** : ousia ("einai" 동사의 명사형). 여기서 말하는 존재는 생성의 결과로서의 존재.

119 **정확하게 말을 하는 자들** : diakribologoumenoi. "diakribologoumenoi"를 242c 이하부터 지금까지의 문맥을 고려해서 보다 구체적으로, 그러니까 "(존재가 하나인지, 둘인지) 잘게 세는 자들"로 번역할 수도 있다.

120 **이들 모든 진영으로부터** : ek pantôn. "모든 측면들을 고려하여"로 대안적 의역으로 갈 수도 있다.

121 **신들과 거인들의 전쟁** : 땅에서 태어난 거인 족이 올림포스 신들을 폐위시키기 위하여 일으킨 전쟁으로, 거인 족이 패함.

122 **한쪽 진영의 사람들은 … 그들은 그를 아주 경멸하면서 어떤 다른 말도 들으려 하지 않습니다** : "한쪽 진영의 사람들", 즉 연구 문헌에서 말하는 소위 "유물론자들"(materialists)을 (플라톤이 보기에) 실제적 철학사를 구성했던 역사적 학파로 확인하려는 견해들도 있었다. 나토프(Natorp)와 젤러(Zeller)는 "유물론자"가 안티스테네스(Antisthenes)라고 생각했고, 캠프벨(Campbell)은 안티스테네스 및 원자론자라고 생각했고, 슐라이어마허(Schleiermacher)는 원자론자 및 아리스티포스(Aristippos)라고 생각했고, 버넷(Burnet)은 멜리소스(Melissos)라고 생각했다.(Cornford 책 p.231 Fn.2에서 재인용.) 하지만 플라톤이 여기서 관심을 두는 문제는 특정 역사적 인물이나 학파에 대한 암시라기보다는, 존재에 관한 유물론적 사고 패턴 일반이라고 볼 수도 있다. 그렇게 되면 거인들과 신들의 전쟁은 역사적 사건을 나타내기보다는 사고 패턴들 사이의 대립 구도를 의미한다.

123 **이들에 반대해서 논쟁하는 사람들은 … 어떤 형상들이라는 점을 강제합니다** : 반대 진영의 사람들, 즉 연구 문헌에서 말하는 소위 "관념론자들"(idealists)에는 파르메니데스로 대표되는 엘레아 학파뿐만 아니라 피타

고라스 학파와 메가라 학파도 포함될 수 있고, 심지어 플라톤 자신도 포함될 수 있다. 따라서 "이들에 반대해서 논쟁하는 사람들"이라는 표현 역시 특정 역사적 인물이나 학파에 대한 암시라기보다는, 존재에 관한 비유물론적 사고 패턴 일반을 가리키는 것으로 볼 수 있다.

124 **보다 법을 잘 따르는 방식으로** : nomimôteron. 의역하면, "보다 시민적인 방식으로".

125 **현존하거나 부재할 능력을 가지는 것** : 문자 그대로 번역하면 "현존하거나 부재할 수 있는 것". 원문의 형용사 dynaton(…을 할 수 있음)을 그것의 명사형(dynamis : 능력, 힘)으로 풀어서 우리말로 번역했다.

126 **어떤 것으로 있다** : einai ti. "… 어떤 것이다"로도 번역 가능하다.

127 **그러한 것들이 어떤** : ti를 형용사가 아니라 명사로 그리고 주어로 새긴다면, "그러한 것들 중 어떤 것이라도 …"로 번역된다.

128 **영혼 자체는 어떤 물체를 소유하는 것으로 그들에게 보인다고 대답할 겁니다** : 예를 들어 고대원자론자들에 따르면 영혼 역시 원자로 구성되어 있다.

129 **그 씨가 땅에 뿌려져서 땅에서 태어난 자들** : 배경 신화는 테베스를 건립한 카드모스(Kadmos) 신화. 카드모스는 자신이 싸워서 죽여 버린 용의 이빨들을 땅에 뿌렸고, 이로부터 거칠고 호전적인 전사들(spartoi: "땅에 뿌려진 자들")이 땅에서 태어남. 이들 중 서로 간의 전투로부터 살아남은 자들이 카드모스와 함께 테베스를 건립함.

130 **결코 있지 않다고** : ouden을 부사("결코")가 아니라 명사로 그리고 보어로 처리하면 "… 아무것도 아닌 것이라고"로 번역된다.

131 **능력** : "dynamis"는 "능력" 대신 "힘"으로도 번역될 수 있다. 타자에게 작용을 미치는 것도 능력(작용하는 힘)이지만, 타자에 의해 작용을 겪는 것도 능력(작용 받는 힘)이다.

132 **표지** : "표지"에 해당하는 원어는 "horos". "경계(선)"으로도 번역 가능하다.

133 **그것들** : 문법적 주어를 "그것들"(있는 것들)로 보지 않고 "표지"로 받

을 수도 있다.

134 손님은 인식함에 관련된 가능한 모든 방식을 열거한다. 이에 따르면 인식함은 (1) 작용과 겪음(피 작용) 둘 중에서 작용이거나, 아니면 (2) 겪음이거나, 아니면 (3) 둘 다이거나, 아니면 (4) 둘 중 그 어떤 것도 아니다. 형상의 친구들은 248e에서 이 가능성들 중 (1)만 취하여 반론을 펼친다.

135 필사본 W와 하인도르프(Heindorf)를 따라, 테아이테토스의 언명으로 돌림.

136 **운동하게 됩니다** : "운동하게 되다"에 해당하는 원어는 "kineisthai"(to be moved). "kineisthai"는 타자에 의해 작용을 받아 운동을 겪게 됨을 뜻함. 이에 반해 "kinein"(to move, 운동시키다)은 타자에게 운동을 하도록 작용함을 뜻함. "kineisthai"는 "kinein"의 수동태이다.

137 **삶** : zôê("생명"으로도 번역 가능하다).

138 **완전하게 있는 것** : "완전하게(pantelôs) 있는 것"에서 "완전함"은 빼어남의 의미(excellence) 혹은 이와 연접된 완벽함의 의미(perfectness)라기보다는 모든 것을 포괄한다는 의미(completeness)를 뜻하는 것으로 보인다.

139 **만약 있는 것들이 운동하지 않는 것이라면** : 전달하고자 하는 의미를 보다 명확히 하기 위해 pantôn을 추가해서 읽자는 제안(Badham, Cornford)도 있다. 이렇게 되면 번역은 "만약 모든 것들이 운동하지 않는 것이라면"으로 변경된다.

140 **만물(萬物)** : to pan("모든 것" 혹은 "우주"로도 번역 가능하다).

141 **아뿔싸!** : babai †ment' an ara†(일반적으로 †…†로 표시된 부분은 복구가 어려울 정도로 파손된 부분을 뜻함).

142 **만물은 뜨거움과 차가움이다** : 혹은 "만물은 뜨거움과 차가움으로서 있다(존재한다)."

143 **이것들 옆에 있는** : 혹은, "이것들을 넘어서는".

144 **그것들과 존재와의 결합** : 원문 tên tês ousias koinônian에서 2격 tês

ousias를 koinônian에 걸리는 목적격으로 보는 번역임. 이 2격을 소유격으로 처리하면 "그것들의 존재의 공통성"이라는 번역이 나온다.

145 **우리가 할 수 있는 가장 적절한 방식으로 동시에 양자를 뚫고 나갈 것입니다** : 마치, 항해하는 오뒤세우스가 "보이지 않는" 두 바위 스퀼라(Scylla)와 카뤼브디스(Charybdis) 사이로 항로를 만들어 뚫고 나가는 것처럼(Campbell의 "diôsometha" 동사의 의미에 대한 주석 참조).

146 **늦게 배운 노인들** : "늦게 배운 노인들"이 누구인지 추정하기란 확실하지 않다. 콘포드는, "늦게 배운 노인들"에 상응하는 인물이 안티스테네스(Antisthenes)가 아니라 에우티데모스(Euthydemos) 및 디오니소도로스(Dionysodoros)일 것이라는 견해(『에우튀데모스』 272b 참조)를 제시한다(콘포드의 책 p.254).

147 **"좋은 것이 좋다." 혹은 "사람이 사람이다."** : 일반적으로 "A는 A다."(A is A)와 같은 유형의 문장. 논리학 용어로 표현하면, 항진(恒眞)명제(tautology : 진리치가 항상 참인 명제).

148 **어떤 이들은 모든 것이 진정으로 운동하고 있다고, 또 다른 이들은 모든 것이 진정으로 정지해 있다고 말하기 때문입니다** : 대안적 번역은 "어떤 이들은 운동이 진정으로 있다고, 또 다른 이들은 정지가 진정으로 있다고 말하기 때문입니다."이다.

149 유물론자와 형상의 친구들이 자신들의 주장에 "있음을 결부시킨다고" 손님이 추론할 수 있는 근거를, 이 주장 안에 놓여 있는 "있음"(einai, to be)이라는 동사가 아니라 "진정으로"라는 부사로부터 착안에서 찾자는 해석도 가능하다. 이렇게 되면 이에 맞는 번역은 "왜냐하면 이들은 모두 있음을 결부시켜서는, 어떤 이들은 모든 것이 진정으로 운동한다고, 또 다른 이들은 모든 것이 진정으로 정지한다고 말하기 때문입니다."가 된다. "진정으로"에 상응하는 그리스어 "ontôs"는 동사 "있음"(einai)의 파생어이다. "진정으로 ~하다."는 주장은 "~하다는 것은 참이다."는 주장과 동등하다. 그리스어 "ontôs"가 "진정으로"(really, 참으로, 실제로)의 의미를 취하는 이유는 동사 "einai"에 놓여

있다. "einai"는 "존재하다"의 의미(존재적 의미) 그리고 "~이다."의 의미(서술적 의미 혹은 동일성 의미) 이외에 "~임은 사실이다."(혹은 "실제로 ~이다.")의 의미(사실적/진리적 의미, veritative meaning)도 가지기 때문이다. "있음을 결부시키는" 근거를 부사 "진정으로"에서 찾는 해석이 그럴법하다면, 이 해석은 "einai"의 주된 의미를 사실적 의미로 간주하게 된다.

150 **무한한 것들** : apeira. "무한정적인 것들" 혹은 "무규정적인 것들"로도 번역 가능하다. 아낙시만드로스의 주장을 함축하는 듯하다.

151 **한계** : peras. "한정" 혹은 "한도"로도 번역 가능하다.

152 **어떤 자는 이 나눔과 모음이 시간적 교대로 일어난다고 놓든** : 아마도 엠페도클레스.

153 **교대 없이 지속적으로 일어난다고 놓든지** : 아마도 헤라클레이토스.

154 **에우뤼클레스** : Euryklês. 아리스토파네스 『말벌』 1017~20에 언급되는 복화술(複話術) 기술자이다. 자기 안에서 숨어서 목소리는 내는 자기-논박자 아이디어는 소크라테스의 내부 감시 목소리, 즉 소크라테스의 다이모니온(daimonion) 아이디어를 연상시킨다.

155 **반대자는 반대자와 결합이 불가능하다는 아이디어.** 이후, 반대자 간의 (기체를 매개로 한) 결합 가능성 아이디어는 아리스토텔레스에 의해 제시된다.

156 **철자술** : grammatikê. "문법술"로도 번역 가능하다.

157 **유(類)들** : genê. 단수는 "genos". "genê"는 "형상들"(eidê)과 교환 가능한 단어이거나 형상들을 포함하는 단어이다.

158 **형상** : idea. "idea"는 앞에서 "형상"이라고 옮긴 "eidos"와 같은 어근에서 나온 파생어로서 둘은 상호 교환 가능한 단어이다. idea와 eidos는 둘 다 원래 "보여진 것"을 뜻한다.

159 **이것이, 그것들 각각이 어떻게 서로 결합할 수 있고 또 그럴 수 없는지를 유에 따라서 분리할 줄 아는 것** : 광범한 유개념으로서의 "분리 기술"에 대한 언급은 226c에서 제시된 바 있다. 이 구절에서 말하는 변증술적

방법이 226c의 "분리 기술" 맥락 안에 포함되는 것으로 볼 수 있는지는 논란이 있다.

160 콘포드(p.263~8)와 스텐젤(J. Stenzel, *Studien zur Entwicklung der platonischen Dialektik*, Eng. tr. by D. J. Allen, *Plato's Method of Dialectic*, Oxford 1940, p.96~99)에 따르면, 구절 253d~e는 개념(혹은 형상)들의 모음(혹은 결합)과 분리(혹은 분할)에 관한 기술이다. 즉 상승하면서 모아가는 방법("하나의 형상이 많은 것들을 … 바깥으로부터 둘러싸여 있음을 분명하게 지각하는 것")과 하강하면서 분할하는 방법("하나의 형상이 많은 전체들을 … 분리되어 구별돼 있음을 분명하게 지각하는 것")이 이 구절에서 개진되어 있다고 한다. 특히 콘포드에 따르면, 이 구절에서 제시된 모음의 방법("하나의 형상이 많은 것들을 … 둘러싸여 있음을 분명하게 지각하는 것")은 『파이드로스』 265d("여러 곳에 흩어져 있는 형상들을 함께 바라보면서 이것들을 하나의 형상으로 모으는 것")에서 제시된 방법과 언어적으로 일맥상통한다. 그에 반해 A. Gomez-Lobo, "Plato's Description of Dialectic in the Sophist 253d1~e2", in : *Phronesis* 22, 1977, p.29~47에 따르면, 이 구절의 주제는 상승하는 모음과 하강하는 분할이 아니라 일종의 식별과 확인(identification)이다. 이에 따르면, 결합하는 형상들과 분리되는 형상들 그리고 결합(혹은 분리)의 원인으로서의 형상을 확인 혹은 식별하는 능력이 바로 변증술의 능력이다. 이 해석에 따르면 변증술과 유(類) 아래의 모든 종(種)들을 분할해 나가는 나눔의 방법은 동일한 것이 아니다.

161 존재 : 직역하면, "있는 것"(to on).

162 **많은 수들로 인해 우리가 혼란을 겪지 않도록 모든 형상들에 관해 고찰하지 말고 아주 중요한 것으로 언급되는 몇 개만을 선택합시다** : 형상들 중 몇 개만 선정해서 검토하는 방식에 관해서는 또한 『파르메니데스』 135e 이하 및 137a~b 참조.

163 **있지 않은 것이 있지 않은 것으로서 진정으로 있다** : 혹은, "있지 않은 것은 진정으로 있지 않은 것이다."

164 유(類)들 중에서 우리가 조금 전 쭉 살펴보았던 것들, 즉 있는 것 자체 그리고 정지 그리고 운동이 아주 중요합니다 : "유들 중 가장 중요한 것들은, 우리가 조금 전 쭉 살펴보았던 것들, 즉 있는 것 자체 그리고 정지 그리고 운동입니다."라는 번역도 가능하다.

165 운동과 정지는 다른 것도 아니고 동일한 것도 아닙니다 : 친절한 번역은 "운동과 정지는 다른 것과 동일한 것도 아니고 동일한 것과 동일한 것도 아닙니다."이다. 문장 "A is B."에서 "is"(그리스어 : einai)가 단순한 서술적 용법("A는 B에 속한다.")일 수도 있지만 동일성 용법("A와 B는 동일하다.")일 수도 있다.

166 운동은 동일한 것 혹은 다른 것이라고 말하지 맙시다 : 친절한 번역은 "운동은 동일한 것과 동일하다고 혹은 다른 것과 동일하다고 말하지 맙시다."이다.

167 있는 것으로서 : 혹은, "있는 것이기 때문에".

168 다른 것은 항상 다른 것과 관계합니다 : 혹은, "다른 것은 항상 다른 것과 관계해서 말해집니다."

169 두 형상 : 자체적인 것과 다른 것과 관계하는 것, 혹은 항상 그 자체로 말해지는 것과 항상 다른 것(들)과 관계해서 말해지는 것.

170 어떤 학자들(Heindorf, Cornford)은 여기에서 텍스트 상의 빈틈(lacuna)이 있다는 주장을 제시하면서 텍스트 보충을 시도하기도 한다. 콘포드 책 p.287 참조.

171 있지 않은 것 : 혹은, '~이지 않은 것'.

172 있지 않다고 : 혹은, '~이지 않다고'.

173 운동은 형상으로서의 있는 것 자체가 아닌 것으로서 있다. 운동이 있는 것이 아닌 이유는 운동과 형상 있는 것(존재) 사이의 다름 때문이고, 운동이 있는 것인 이유는 운동과 형상 있는 것과의 결합 때문이다. 그런 점에서 운동에 관련해서, 있는 것이 아닌 것이 있다. 혹은, 운동에 관련해서, 있지 않은 것이 있다. 동일한 논리가 운동뿐 아니라 (존재 자체만 제외하고) 모든 것들에 관련해서도 적용된다. 따라서 모든

것들에 관련해서, 있는 것이 아닌 것(=있지 않은 것)이 있다. 파르메니데스의 가르침을 논파하는 논제이다.

174 (있는 것 자체를 제외한) 각각의 형상은 있는 것에 참여하는 한 각각 있는 것이 된다. 즉 있는 것은 많게 된다. 그리고 이 각각은 다른 것에 참여하는 한 훨씬 더 많은 수에 있어서 있지(~이지) 않은 것으로 된다. 텍스트에서 말하는 5개의 형상(운동, 정지, 동일성, 다름, 존재)만을 가지고 헤아려 보면, 존재에 참여함으로써 존재하는 경우는 4개가 나오지만 (~로서) 있지 않은(~이지 않은) 경우는 4×5=20개가 나온다. 다시 말해 "있음"을 술어로 하는 참인 긍정 문장의 수는 4개가 나오지만, (~로서) "있지 않음"(~이지 않음)을 술어로 하는 참인 부정 문장의 수는 20개가 나온다.

175 나머지 것들이 있는 만큼 그만큼에 따라 있지 않습니다 : 형상 있음은 나머지 것들 F, G, H, … 각각으로서 있지 않다(혹은: 형상 ~임은 F, G, H, … 각각이 아니다).

176 그것이 이 나머지 것들로서 있지 않은 한, 그것은 그 자체가 하나로서 있습니다 : 혹은, '그것이 이 나머지 것들이지 않은 한, 그것은 그 자체가 하나입니다.'

177 "크지 않은 것"은 작은 것이거나 같은 것이라는 점이 논점은 아니다. 논점은, 부정된 단어(F가 아닌 것: what is not F)는 그 단어(F) 자체가 지시하는 것과 반대되는 것을 지시하지 않는다는 점이다.

178 그 'mê'와 그 'ou' : ou(mê)=not.

179 다른 것의 본성은, 지식의 본성과 마찬가지로, 자체적으로 말해지는 것이 아니라 어떤 다른 것과 관련해서 말해지는 것이다. 지식은 어떤 것, 즉 어떤 주제 영역과 관련해서 말해진다. 다른 것도 어떤 것과 관련해서 말해진다. 그리고 지식의 영역도 잘게 쪼개지듯이 다른 것의 영역도 (셀 수 없이 많을 정도로 256e) 잘게 쪼개진다.

180 대비되는 : 대비되다≠반대되다.

181 "아름다운 것이 아니다." : 왜 "아름답지 않다."가 아니라 "아름다운 것

이 아니다."라는 번역이 나왔는가? 그리스의 형용사는 중성으로 표현될 때 명사화된 것으로도 이해할 수 있다. "x (is) F."(F는 중성형용사, 연결 계사 "is"에 해당하는 "estin"은 생략가능)라는 형식의 그리스어 문장에서 "F"는 형용사로도 기능할 수 있고, 명사(정확히는, 명사화된 것)로도 기능할 수 있다. 이 애매성은 부정 문장 "x (is) not F."에서도 그대로 살아 있다. 즉 형용사 기능으로 이해하면, 이 문장은 "x는 F의 속성을 가지지 않는다."로 해석되고, 이 경우 (텍스트의 용어로 말하면) non-F는 F의 "반대"로 이해되는 것이 자연스럽다. 반면 명사 기능으로 이해하면, 저 문장은 "x는 F가 아니다."로 해석되고, 이 경우 텍스트의 논리를 따라 non-F는 F와 "다른 것"으로 이해될 수도 있다. 그러나 우리말에서는 술어 자리에 온 형용사의 애매어 기능(amphiboly)이 원천적으로 없기 때문에, 그리스어의 애매성을 살린 번역이 불가능하다. 따라서 할 수 없이 애매어를 제거한 번역 "아름다운 것이 아니다."를 채택하였다. "아름답지 않다."를 채택하게 되면 텍스트의 논리를 오독할 가능성이 매우 크기 때문이다.

182 어떤 하나의 유(類) : "어떤 하나의 유"는 내용상 아름다운 것.

183 **있는 것들 중 어떤 하나의 유(類)로부터 분리된, 그리고 다시금 있는 것들 중의 어떤 것에 대해 대비된, 어떤 다른 것** : 대안적 번역은 "있는 것들 가운데 어떤 하나의 유에 속하는 것으로서(혹은: 어떤 하나의 유로서) 분리된, 그리고 다시금 있는 것들 중 어떤 것에 대해 대비된, 어떤 다른 것"이다. 대안적 번역에 따르면, "아름다운 것이 아닌 것"은 하나의 유(genos)에 속하거나 하나의 유가 된다.

184 **다른 것의 부분의 본성이 있는 것의 본성에 대해 대비되었을 때** : "다른 것의 본성의 부분이 있는 것의 본성에 대해 대비되었을 때" 혹은 "다른 것의 본성의 부분이 있는 것의 본성의 부분에 대해 대비되었을 때"라는 번역도 가능하다.

185 대비 : 보다 정확히는 '대비물' 혹은 '대비 결과'.

186 이것 : '이것'은 문법적으로 '이 대비'를 가리킨다.

187 "있지 않은 것" : "아름다운 것이 아닌 것", "큰 것이 아닌 것"이라는 우리말 표현에 엄격히 맞춰 번역하자면, "있는 것이 아닌 것"이다.

188 큰 것은 컸었고, 아름다운 것은 아름다웠고, 큰 것이 아닌 것은 크지 않았고, 아름다운 것이 아닌 것은 아름답지 않았듯이, 똑같은 식으로 또한 있지 않은 것은 있지 않은 것이었고 있지 않은 것 : 연구자들이 말하는 소위 "자기–술어화"(self-predication)의 문제가 배면에 놓여 있다. 생각해 볼 수 있는 연구 논점은, 자기–술어화가 긍정 술어("F is F."의 형식)뿐만 아니라 부정 술어("non-F is non-F."의 형식)로도 나타날 수 있느냐 하는 점이다.

189 있지 않은 것은 있지 않은 것이었고 있지 않은 것 : "있지 않은 것은 있지 않은 것으로서 있었고 있다라고"로도 번역 가능하다.

190 하나의 형상: "있지 않은 것", 즉 부정어로 표현되는 이 "하나의 형상"(eidos)이 가지는 기능 혹은 지위가 무엇인지—예컨대, 단지 어떤 분류적 기능으로 한정되는 것인지 아니면 어떤 종류의 형이상학적 지위까지 가지는 것인지, 아니면 소피스트 탐색이라는, 엘레아의 손님–테아이테토스 간 대화 주제에만 문맥적으로 종속되는 일종의 유사 종(鍾) 혹은 유사 형상인지—에 관한 문제는 해석을 요하는 문제이다.

191 237a 참조. 딜스/크란츠 28B7, 1~2 = 김인곤 외, 『소크라테스 이전 철학자들의 단편 선집』 파르메니데스 토막글 13.

192 있지 않은 것이라는 : 혹은, '~이지 않은 것이라는.'

193 있지 않습니다 : 혹은, '~이지 않습니다.'

194 있지 않습니다 : 혹은, '~이지 않습니다.'

195 가능한 것으로서 : 필사본의 dynata를 고치지 않고 그대로 읽음.

196 검토를 하다 : elengchein. "질문을 하다" 혹은 "논파하다"로도 새길 수 있다.

197 갓난아기 : 251b의 "늦게 배운 노인들" 참조. 이들은, 한 사물은 여러 개의 이름을 가질 수 없고 오직 하나의 이름만 가질 수 있다는 궤변의 발견에 "즐거워한다."

198 **교양과 철학을 결여한** : '교양을 결여한'의 원어는 amousos. "amousos"의 어근 "mousa"는 원래 "뮤즈"를 뜻한다. 『파이돈』 61a의 피타고라스 인용에 따르면, 철학은 뮤즈(음악, 교양)의 가장 높은 형태이다.

199 **말** : logos. '논의'로도 새길 수 있음.

200 **믿음** : doxa. '의견', '판단'으로도 새길 수 있음. 따라서 'doxa'의 동사 'doxazein'도 '믿다', '판단하다' 등으로 새길 수 있다. 다른 한편, 여기서 '믿음'은 믿고 있음이라는 행위 자체보다는 믿음의 결과(믿게 된 것)를 지시하는 것으로 보인다. 마찬가지로 '말'도, 말함이라는 행위 자체보다는 말함의 결과로서의 말을 지시하는 것으로 보인다.

201 말(과 믿음)은 있지 않은 것과 섞인다는 논점은, 앞의 두 문장, 즉 (a) "말은 있는 유들 중 하나이다."와 (b) "있지 않은 것은 있는 것들 모두에 골고루 흩어져 있다.(=모든 유는 있지 않은 것의 몫을 나누어 가진다.)"로부터 도출되는 것으로 보인다.

202 **모든 것들** : 즉 모든 생각들과 말들.

203 **있지 않은 것들** : 대안적 번역은 "~이지 않은 것들"이다.

204 **생각** : dianoia.

205 **모상(模像)들, 닮은꼴들, 유사 닮음** : 모상들: eidôla, 닮은꼴들: eikones, 유사 닮음: phantasia(혹은, 가상). 236a~b 참조.

206 239c~241c.

207 **아마도 소피스트는 형상들 중 일부는 … 믿음과 말은 있지 않은 것과 결합하지 않는다는 이유로 말입니다** : 손님의 논의에 따르면, 모든 형상들(eidê)은 '다른 것'이라는 의미의 있지 않은 것에 관여하지만(몫을 나누어 가짐), 그 어떤 형상도 파르메니데스적 의미의 있지 않은 것에는 관여하지 않는다. 따라서 형상들 중 일부는 있지 않은 것의 몫을 나누어 갖지만 다른 일부는 나누어 가지지 않는다는 소피스트의 주장은, 손님의 논의와 양립하기 어렵다. 생각해 볼 문제는, 여기서 소피스트가 말하는 "형상들"(eidê)이 가지는 기능 혹은 지위가 무엇인지—예컨대, 단지 어떤 분류적 기능으로 한정되는 것인지 아니면 어떤 종류의 형

이상학적 지위까지 가지는 것인지—하는 점이다(258c의 "형상" 언급 참조). 이와 함께, "다시 강변하면서 싸우기 위해" 소피스트가 새로운 전략으로 제시하는 "있지 않은 것"의 의미가 정확히 무엇인지도 생각해 볼 문제다.

208 **인상(印象)** : phantasia. 직역을 하자면 "나타난 것". 264a~b를 고려하자면, "지각적 믿음" 혹은 "지각적 판단"으로 새길 수도 있다. 264a~b에 따르면, 내게 주어진 지각(aisthêsis)을—옳든 그르든—해석한 믿음(판단)이 내가 가진 인상, 즉 내게 "나타난 것"이다. 다른 한편으로는, 'phantasia'는 바로 위 (c)에서 '유사 닮음'으로 새겼다. 인상의 내용은 외부 사물에 대한 유사 닮음이라고 볼 수 있다면, 두 번역어 '인상'과 '유사 닮음'은 하나로 통한다.

209 253a.

210 **단어** : onoma. '이름'이라고 새길 수도 있겠지만, 곧(262a1) 나오는 협의의 이름(주로 명사)과 혼동을 피하기 위해 '단어'라고 새긴다.

211 **단어들에 관해 우리가 답해야 할 질문은 무엇입니까?** : 혹은, "단어들에 관해 우리가 주목해야 할 바는 무엇입니까?"

212 **음성을 통해 존재에 관해 지시하는 것** : 단어는 "존재(ousia)에 관해 지시하는 것(dêlôma)"이라는 아이디어와 관련해서는 『법률』 895d의 삼분(三分) 참조: 1. 단어 2. 정의(logos) 3. 존재(ousia).

213 **진술** : logos. 이제부터 262a 이하 'logos'는 말 중에서도 진리치(참 혹은 거짓)를 가지는 문장 집합을 특정하기에 '진술'이라 새긴다. 지금까지의 번역어 선택에 일관되게 맞추어 '말'이라고 새길 수도 있겠다. '말'이라고 새기게 되면, 말 중에서도 (예컨대 단어가 아니라) 진술이 의미 있는 말의 기본 단위가 된다는 아이디어, 다시 말해 말다운 말은 진술 단위부터 시작한다는 아이디어를 함축한다. 이런 맥락에서 262a 이하 'logos'를 '진술'로 새기는 해석과 '말'로 새기는 해석은 강조점의 차이가 있을 뿐 서로를 배제하는 것은 아니다.

214 진술은 이름과 동사의 결합이라는 아이디어에 관해서는 『크라튈로스』

431b, 아리스토텔레스 『명제론』 1, 『수사학』 1404b26 참조.

215 **저 예** : "걷는다, 달린다, 잔다."

216 **이 예** : "사자, 사슴, 말."

217 **존재** : ousia. 해석적 번역을 하면 '본성'으로도 새길 수 있다.

218 **있게 된 것들 혹은 있게 될 것들** : "있게 된 것들"은 완료형 시제, "있게 될 것들"은 미래 시제이다.

219 **"진술"** : 262a 각주에서 언급했듯이, 해석 방향에 따라 "진술한다"(legein) 대신에 "말한다" 그리고 "진술"(logos) 대신에 "말"로 새길 수도 있다.

220 **무엇에 속하는지를** : 보다 해석적인 번역을 취하자면, "무엇이 주어인지를"이다. 이렇게 새기게 되면, 아래에서 등장하는 "나에게 속하다."는 "내가 주어이다."로 바뀌 표현될 수 있다.

221 **지금 내가 대화를 나누고 있는 자** : 동명이인(同名異人)의 테아이테토스도 아니고 상상 속의 다른 테아이테토스도 아닌, 지금 그리고 여기의 테아이테토스, 즉 지시적 정의가 즉각적으로 가능하고 직접적 지각이 즉각적으로 가능한 하나의 개별적 대상이다.

222 **있는 것들을 있다고 말합니다** : legein ta onta hôs estin. "있는 것들이 있다고 말합니다."도 가능하다. 나아가, "hôs"를 달리 새겨서 "있는 것들을 있는 (방식)대로 말합니다."라는 번역도 가능하다. 어느 번역 방식이든, 참(진리)은 진술과 있는 것들(혹은, ~인 것들) 사이의 상응에서 성립한다는 것이 논점이다(『크라튈로스』 385b, 『에우튀데모스』 283e 참조).

223 **있는 것들과 다른 것들** : "있는 것들과 다른 것들"에서 "있는 것들"(혹은, ~인 것들)은 예컨대 앉기(참인 진술의 동사에 상응하는 것)를 가리키는 것으로 해석할 수 있다. 이렇게 되면 "있는 것들과 다른 것들"은 날기(거짓 진술의 동사에 상응하는 것)를 가리킨다. 이 동사적인 존재자를 형상 이론과 결부시켜 해석하려는 시도(예컨대 콘포드 p.311~7)도 있다.

224 **있지 않은 것들** : "있지 않은 것들"(혹은, ~이지 않은 것들)은 바로 앞 문

장의 "있는 것들과 다른 것들"과 동일.

225 있기는 하지만 : 혹은, "~이기는 하지만".

226 각각의 것에 관련해서 많은 것들이 있고, 또 많은 것들이 있지 않기 때문입니다 : 256e "형상들 각각과 관련해서 있는 것은 수에 있어서 많지만, 있지 않은 것은 셀 수 없을 정도로 많습니다." 그리고 259b "나머지 것들(=유들) 역시, 각각이 그리고 다 함께, 많은 점에서 있고 많은 점에서 있지 않습니다." 참조.

227 그 어떤 것에 관한 것이 아니면서도 : 즉 주어가 없으면서도.

228 다른 것들이 동일한 것들로서 : 253d 변증술에 관한 규정("동일한 형상을 다른 것으로 간주하지 않고 다른 형상을 동일한 것으로 간주하지 않는 것") 참조.

229 믿음 : 혹은 "판단", "의견". 260b 각주 참조.

230 인상(印象) : phantasia. 직역을 하자면 "나타난 것". 264a~b 문맥을 고려하자면, "지각적 믿음" 혹은 "지각적 판단"으로 새길 수도 있음. 이 문맥에 따르면, 내게 주어진 지각(aisthêsis)을—옳든 그르든—해석한 믿음(판단)이 내가 가진 인상, 즉 내게 "나타난 것"이다.

231 이 모든 유(類)들은 : 260a 말(혹은, 진술)은 있는 것들 중의 하나의 유(類)라는 언명 참조.

232 말 : logos. 이 문장에서의 말은 진술을 포함하는, 광의의 말.

233 『테아이테토스』 189e~190a, 260d.

234 이런 것 : auto. 필사본 BTY를 따라 "auto"를 살려서 읽음.

235 그 자체로서가 : kath' hautên(필사본 BT). 그러나 스토바이오스를 따라 "kath' hauto"로 고쳐 읽게 되면 부문장의 주어는 "믿음"이 아니라 바로 앞 문장의 주어를 다시 받게 됨. 따라서 전체 문장의 뜻도 달라짐. 즉 "그런 것이 그 자체로서가 아니라 지각을 통하여 어떤 자에게 생기면, …"이라는 번역이 나온다.

236 "나타나다" : phainesthai. 인상(印象)의 원어인 "phantasia"의 동사형이다.

237 종류 : eidos.

238 235b~236c.

239 한편으로는 "나타나는 것"(phantasia), 즉 "지각과 믿음의 섞임"으로서의 인상 그리고 다른 한편으로는 유사 닮음의 제작술(phantastikê) 사이의 직접적 관계는 이미 235e~236c에서 시사된다. 조각가들 중 자신의 조상(彫像)을 올바르게 혹은 아름답게 보이게 만들 목적으로 원상(原象)의 실제 비율을 의도적으로 왜곡 혹은 기만하는 자들은 유사 닮음(phantasmata)을 제작한다. 그 조각가는 우리의 지각을 이용하여 어떤 거짓된 믿음 혹은 인상을 우리 마음속에 불러일으킨다. 실제로는 존재하지 않으면서도 어떤 아름다운 것이 우리 마음 안에 "나타나는" 것이다. 비슷한 방식으로, 소피스트도 모든 것들에 능통한 그의 지혜에 대한 거짓 믿음을 우리 마음속에 제작해 놓는다.

240 219a~c.

241 형태 : eidos. "종류"로도 번역 가능하다.

242 만드는 기술 : 혹은, 제작술.

243 이전에는 있지 않았던 것들이 이후에 생기게끔 해 주는 : 219a~b 제작술(만드는 기술)의 예는 농사, 제조술, 회화술 혹은 조각술이다. 따라서 제작술이 무(無)로부터 유(有)를 창조하는 것은 아니다.

244 만일 당신이 나중에 다른 식으로 생각을 할 자들 중 한 사람이라고 우리가 간주한다면, 우리는 설득의 강제력을 지닌 논증을 지금 사용해서 당신이 이 견해에 동의하게끔 시도할 것입니다 : 자연을 구성하는 모든 존재자들의 생성을 설명할 때 이성이나 장인적 기술에 조회하지 않고 오직 우연의 계기에 의존해서 설명하려는 자들은 지금 말하는 이 설득의 대상이 된다. 이 설득은 예컨대 『법률』 제10권 885b~907d에서 상세하게 개진된다. 『법률』 889b~c: "그들은 다음과 같이 주장합니다. 즉 불, 물, 흙, 공기, 이 모든 것은 자연과 우연에 근거하며, 이것들 중 어떤 것도 기술에 근거하지 않는다고 합니다. (…) 그들은 말하기를, 이 모든 것의 원인은 지성도 아니고, 어떤 신도 아니고, 기술도 아니며, 방

금 말했다시피, 자연과 우연이라고 합니다."

245 **각 반(半)의 한 부분** : 즉 인간적인 제작술과 신적인 제작술의 각 한 부분.

246 **자연적인 것들** : 혹은, 자라난 것들.

247 **각각 자체는 신에 의해 완성된 산물** : 생물학적 발생("자식")과 기술적 제작("완성된 산물")이 분리되는 것이 아니라 합치된다는 아이디어. 『티마이오스』 28c: "우주의 아버지이자 제작자" 그리고 『향연』 209a(시인은 정신적 자식을 출산하는 제작자라는 아이디어).

248 **가상들** : phantasmata.

249 **이중적(二重的) 상(像)** : diploun(이중적) 다음에 phantasma(가상)를 보충해서 읽음. 내용상 "반사(反射) 상(像)"으로 번역해도 무방하다. 즉 원래의 원상이 "매끄럽고도 반짝이는 표면"(예컨대 거울) 위에서 반사되는 상으로서 우리 시각 안에 들어오기 때문에 이중적 상이 된다.

250 **이중적 상은, 매끄럽고도 반짝이는 표면 위에서 … 반대되는 지각이 제공됩니다** : 『티마이오스』 46b. 왜 "반대되는 지각"인가? 사물을 내가 직접 마주보고 관찰할 때에는, 사물의 오른쪽 측면에서 나오는 빛은 내 눈의 왼쪽 측면에서 나오는 빛과 마주치리라고 생각된다. 즉 사물의 오른쪽 측면은 내 망막에 맺힌 像("모습")의 왼쪽 측면에 해당하고, 사물의 왼쪽 측면은 내가 가진 상의 오른쪽 측면에 해당하리라고 생각된다. 그러나 사물 자체가 아니라 거울 표면에 꺾여 반사된 사물의 상을 내가 관찰할 때에는, 이 반사로 인하여, 사물의 왼쪽 측면에서 나오는 빛은 내 눈의 왼쪽 측면에서 나오는 빛과 마주치리라고 생각된다. 즉 사물의 왼쪽 측면은 내 망막에 맺힌 상의 왼쪽 측면에 해당하리라고 생각된다.

251 235b~236c.

252 『크라튈로스』 423b.

253 **다른 나머지 모든 것** : 물리적 도구를 이용하는 유사 닮음 제작술(회화, 조각, 음악 등).

254 "믿음에 의한 모사술" : doxomimêtikê. 223b "가짜로 교육하는 기술"(doxopaideutikê)에 평행하여 "가짜 모사술"이라고 새길 수도 있겠다.

255 위장(僞裝)하는 : eirônikon. "아이러니"는 "eirôneia"의 영어식 음차. 여기서의 위장은, 알고 있지 못함을 알고 있으면서도 아는 것처럼 행하는 위장. 이에 반해 "소크라테스적 아이러니"는 소크라테스가 알고 있으면서도 모르는 것처럼 위장한다고 토론 상대방에 의해 제기되는 주장(예: 『국가』 337a).

256 그리고 또 한 사람을 보는데, 이자는 사사로운 모임에서 짧은 말로 위장하되, 같이 대화하는 사람으로 하여금 스스로 모순되는 말을 하게끔 강제하는 사람입니다 : 225b "말다툼" 기술 중 "반박"하는 종류(질문과 답변에 의해 잘게 잘려서 그리고 사사로운 방식으로 이루어지는 말다툼) 참조.

257 현명한 자 : sophos("소포스").

258 말로써 볼거리를 만드는 부분 : thaumatopoiikon. 224a "볼거리를 만드는 기술"(thaumatopoiikê, 도매술의 한 종류 혹은 도매술 품목의 일부) 참조.

259 "이런 가계와 혈통으로부터" : 『일리아스』 6권 211. 보다 가치 있는 것(황금)과 덜 가치 있는 것(청동)에 대한 구분의 분별력 없이 출신 혈통만 자랑하는 젊은 전사(글라우코스)에 관한 이야기가 문맥적 배경(6권 233~236). 이 전사와 소피스트 사이에 어떤 냉소적 유비가 암시되고 있다.

작품 안내

I. 줄거리

테오도로스는 어저께 약속대로 다시 토론과 대화를 진행하기 위해 나타났지만 낯선 손님 한 사람을 데려온다. 그는 엘레아 출신으로서, 파르메니데스와 제논의 동료이며 그 스스로가 철학자이다. 테오도로스가 엘레아에서 온 손님을 철학자로 소개하자마자 소크라테스는 오늘의 토론과 대화를 여는 첫 질문을 던진다. "무엇이 혹은 누가 진정한 철학자인가?" 철학자들은 여러 모습으로 나타난다. 때로는 정치가로, 때로는 소피스트로, 또 때로는 완전히 미친 사람으로 나타난다. 어쨌든 '소피스트', '정치가', '철학자'라는 세 개의 이름이 있다는 것은 분명하다. 그런데 이름이 셋이듯, 종류도 셋인가? 아니면 둘인가? 아니면 하나인가? 대화

참가자들은 엘레아의 손님이 이 문제에 대한 토론 리더 역할을 맡는 것으로 그리고 테아이테토스가 응답자 역할을 맡는 것으로 합의하고 본격적으로 토론을 시작한다.(216a1~218b4)

손님은 "소피스트가 무엇인지"를 말로써 분명히 보여주는 과제부터 착수한다. 그런데 손님은, 소피스트라는 종류는 잡기 힘들기 때문에 먼저 쉬운 어떤 예 혹은 본보기를 가지고 연습할 것을 제안한다. 그 예 혹은 본보기는 낚시꾼 혹은 낚시 기술이다. 손님은 낚시꾼 혹은 낚시 기술이 그 안에 포함되었으리라 가정되는, 광범한 범위의 종류(처음에는 기술, 그다음에는 획득 기술, 또 그다음에는 예속의 기술 등등)를 둘로 분할해 밑으로 내려가면서, 낚시꾼 혹은 낚시 기술이 무엇인지를 밝힌다.(218b5~221c4)

손님은 이제 낚시꾼을 본보기로 삼아 소피스트가 무엇인지 찾기 시작한다. 손님은 소피스트가 낚시꾼과 비슷한 족속, 즉 사냥꾼이라는 점을 착안하고 소피스트의 기술을 획득 기술 밑에 놓는다. 그리고 낚시꾼을 찾기 위해 사용했던 동일한 방법, 즉 분할 방법을 소피스트에게도 적용한다. 그 결과, 소피스트는 부잣집 아이들을 사냥하는 가짜 교육자로 나타난다.(221c5~223b8)

그런데 소피스트의 기술은 단순한 기술이 아니라 "다채로운" 기술이라서 또한 다른 분할 과정을 유도하고 그래서 첫 번째 분할 결과와는 다른 모습 혹은 다른 외관을 또한 우리에게 준다. 즉, 소피스트에 대한 두 번째 분할은 소피스트 기술을, '영혼과 관련해서 말과 배울 수 있는 것들을 다루되 탁월성을 파는 도매상 기술'로 나타나게 한다.(223c1~224d3) 그리고 세 번째 분할은 소피스트를, 말과 배울 수 있는 것들을 다루되 소매로 파는 소매상으로 나타나게 하고(224d4~8), 네 번째 분할은 소피스트를, 말과 배울 수 있는 것들을 다루되 직접 만들어서(제작해서) 파는 소매상으로 나타나게 한다.(224e1~5) 이뿐만이 아니다. 다섯 번째 분할에 의해 소피스트는 쟁론적 반박 및 말다툼 기술을 통해 돈벌이를 하는 자로 나타난다.(224e6~226a5)

나아가 소피스트의 기술은 소매상의 그것보다 더 하찮은 기술, 즉 "집안 하인들"의 기술과 비슷한 것으로 나타나기도 한다. 여섯 번째 분할에 의해 소피스트의 기술은 가사 노동(걸러내기, 체질하기, 빗어 다듬기, 북으로 베를 가르기)과 비슷한 것, 굳이 이름을 붙이자면, "분리 기술"로 나타난다. 그런데 소피스트의 분리 기술은 그 대상이 곡식 낟알, 실, 옷감이 아니라 사람의 영혼, 즉 배움을 방해하는 의견과 믿음이 될 뿐이다. 소피스트는, 배움을 방해하는 의견과 믿음을 분리 및 제거할 목적으로 다른 사람을 논박하고 논파하는, 철학자와 비슷한, 영혼의 정화(淨化) 기술자로 나타난다.(226a6~231b8)

소피스트의 여러 무더기 모습들이 주는 혼란스러움으로 인하여 손님과 테아이테토스는 소피스트 기술의 한 측면, 즉 반박하는 논쟁 기술(다섯 번째 분할 결과)에 집중해서 다시 고찰하기로 합의한다. 손님은 이제 두 번째 본보기 혹은 예를 제안한다. 그것은 모방 기술, 구체적으로 회화술 혹은 요술쟁이 기술이다. 이 본보기에 따라 반박적 논쟁 기술은 만들기, 즉 제작 기술로 나타난다. 반박적 논쟁 기술은 모든 것들에 관해서 말로 된 이미지, 즉 말로 된 모상(模像)을 만드는 기술이기 때문이다. 이 모상 제작술은 둘로 나뉜다. 원본을 실제로 닮은 모상(닮은꼴)을 만드는 것이 그 하나고, 원본과 실제로 닮은 것이 아니라 닮아 보이는 모상(유사 닮음)을 만드는 것이 다른 하나이다. 그런데 소피스트는 이 두 분할 결과물 중에서 어디에 속하는지가 갑자기 불분명해진다. 소피스트는 다시 도망쳐버린 것이다.(231b9~236d3)

분할을 통한 소피스트 수색은 큰 어려움(aporia, 길을 잃어버림)에 빠진다. 모방(물) 혹은 모상은 그렇게 보일 뿐이지만 실제로 그렇지는 않는 것이기 때문이다. "그렇게 보이거나 그렇게 믿어지는 것, 그리고 어떤 것을 말하지만 참이 아닌 것을 말하는 것, 이 모든 것들은 … 당혹스러운 어려움(aporia)으로 가득 차 있기 때문"이다.(236e1~3) 모상이 있다는 말은, 논리적으로, "있지 않은(~이지 않은) 것이 있다(~이다)."라는 말로 분석된다. 모상 혹은 이미지는 비(非)존재의 존재를 함축한다. 하지만 엘레아의 파르메니데스에 따르면 비존재는 말할 수도 없고, 생각할 수도 없는 듯이 보인다. 소피스트 수색이 성공하기 위해서는, 한편으로, 있지 않은 것이 있다는 말, 그리고 다른 한편으로, 있는 것이 있지 않다는 말을 의미 있게 만들어 주는 일이 먼저 필요하다. 소피스트 수색의 아포리아로부터 빠져 나오기 위해서는 위대한 철학자 파르메니데스의 논리를 일단 논박해야 한다.(236e4~242b2)

파르메니데스 논박은 우선 있음 자체에 관한 검토를 요구한다. 소피스트를 수색하는 길을 막아서는 곳에는 있지 않음의 문제뿐만 아니라 있음의 문제도 자리를 차지한다. 있음은 있지 않음만큼이나 그리고 소피스트만큼이나 식별하기 힘들다. 존재에 관한 지금까지의 주장들은 모두 어떤 결점을 보이는 것으로 검토된다. 존재는 둘이라는 주장(주장1)이 그렇고, 존재는 하나라는 파르메니데스의 주장(주장2)도 그렇다. 또, 존재하는 모든 것은 물체라고 주장하는 거인들의 입장(주장3)이 그렇고, 비가시적(非可視的)인 형상들만 존재한다고 주장하는 신(神)들의 입장(주장4)도 그렇다. 신들과 거인들의 존재 투쟁으로부터 존재에 관한 또 다른 주장 하나(주장5)가 형성된다. 이 주장을 손님은 스스로 제안했다가 다시 거두어들인다. 그 주장이란, 존재는 운동이고 동시에 정지라는 것이다. 손님은 주장5에 대한 대안으로, 어떤 종류도 —존재를 포함해서— 다른 종류와 섞이지 않는다는 주장(주장6)을 내놓지만, 이 주장마저 논파되고 만다.(242b3~252d1)

주장1~주장6의 검토와 논박 이후 손님은 존재 문제에 새로운 가설을 제안한다. 새로운 가설은 또 다른 종류의 본보기, 즉 철자(모음과 자음)를 통해 도입된다. 손님은 세 가지 "큰 종류들" 혹은 “아주 중요한 현상들”(존재, 정지, 운동)이 서로 섞이기도 하고 섞이지 않기도 하는 방식을 철자들의 결합 방식의 본보기를 따라 증명하기 시작한다. 그리고 이 세 개의 종류에 두 개의 종류(동일성, 다름)가 추가된다. 큰 종류들의 결합 방식에 대한 증명의 결과는 아포리아를 빠져나가는 실마리를 준다. 왜냐하면 ‘다름’은 있지(~이지) 않음, 즉 비존재를 다른 식으로 부르는 이름으로 드러나기 때문이다. 다른 것은 ~로서 있지 않은 혹은 ~이지 않은 것이기 때문이다. 그렇다면, 다름(혹은 다른 것)은 있음(혹은 있는 것)이라는 점, 또 역으로, 존재와 존재에 참여하는 것들은 어떤 점에서 있지(~이지) 않다는 점이 입증된다. 파르메니데스의 논리는 깨졌다. 있는 것이 있지 않다.(252d2~259b7)

하지만 아직 아포리아로부터 완전히 빠져나온 것은 아니다. 거짓말 혹은 거짓 문장의 문제를 해결해야 한다. 모상, 거짓, 있지 않음(~이지 않음)은 논리적으로 연결된다. 있지 않음의 가능성을 증명하는 일은 거짓 진술(문장)의 가능성을 증명하는 일에 의해 완성되어야 한다. 소피스트는 말을 통한 모상을 만드는 자이기 때문이다. 이에 따라 손님과 테아이테토스는 있음과 있지 않음의 결합이 어떻게 문장 단위로도 구현되는지를 추적한다. 인상, 생각, 믿음은 문장과 연결된다. 있음을 주어로 삼으면서 있지 않음(~이지 않음)을 술어로 연결시킬 때 거짓 생각과 거짓 인상과 거짓 문장이 형성된다.(259b8~264b8)

이제 손님과 테아이테토스는 멈춰 섰던 수색 지점으로 되돌아가서 나머지 분할을 계속한다. 마지막 분할, 즉 일곱 번째 분할에 따르면 소피스트는, 유사 닮음을 제작하는 기술자 중에서도, 본인이 알지 못하는 것을 안다고 믿으면서 모사(모방)하는 기술자, 즉 현명한 사람에 대한 거짓 이미지로 드러난다.(264b9~268d5)

II. 텍스트 배경과 배치

모든 플라톤 연구자들이 다 그렇게 생각하는 것은 아니지만, 대부분의 혹은 다수의 연구자들에 따르면, 플라톤의 대화편들은 대략 초기, 중기, 후기 대화편으로 나뉜다. 『소피스트』는 후기 대화편에 속하는 것으로 대체로 합의 내지 추정되고 있다. 그리고 『변명』과 『에우튀프론』은 초기 작품인 것으로 대체로 합의 내지 추정된다. 그런데 『소피스트』의 집필 혹은 발표 시점은 후기이지만 이 대화편의 드라마적 시점은 초기 대화편의 드라마적 시점과 같은 시간대에 있다.

『소피스트』가 그려내는 대화 사건은 전날에 있었던 대화의 연속으로 설정된다. 전날의 대화는 『테아이테토스』가 그리는 사건이다. 따라서 『테아이테토스』의 대화는 『소피스트』의 대화보다

하루 앞서는 것으로 설정되어 있다. 이는 『테아이테토스』의 마지막 장면에서 드러난다. 『테아이테토스』의 마지막 대화 상황에서 소크라테스는 대화 상대자들에게 논의를 다음 날 아침에 재개할 것을 제안한다. 논의를 지속하지 못하고 끝내야 하는 이유로서 소크라테스는 자신의 신변적인 사정을 든다. 소크라테스는 멜레토스라는 사람이 자신에게 제기한 기소, 즉 불경을 저질렀다는 그리고 젊은이들을 타락시켰다는 기소에 대해 답하기 위해 그만 자리를 떠야 한다는 것이다.("이제 나로서는 나를 고소한 멜레토스의 공소에 응하기 위해 왕의 회랑에 출두해야 하네." 『테아이테토스』 210d)

『소피스트』의 대화 사건은 『테아이테토스』 대화 사건을 드라마적으로 이어받기는 하지만, 두 드라마 사이에는 소크라테스에 의한 자기 방어 에피소드가 끼여 있다. 소크라테스에 의한 자기 방어 에피소드는 『에우튀프론』(소크라테스가 멜레토스의 공소에 응하기 위해 왕의 회랑 근처에서 시간을 보내다가 에우튀프론을 만난다. 『에우튀프론』 2a)에서 촉발되고 『변명』에서 본격적으로 펼쳐진다. 플라톤은, 한편으로, 『에우튀프론』 → 『변명』 순으로 드라마 사건 순서 계열을 잡았고, 또 다른 한편으로, 『테아이테토스』 → 『에우튀프론』 → 『소피스트』 순으로 드라마 사건 순서 계열을 잡았다. 따라서 이 두 계열을 하나로 합치면 『테아이테토스』 → 『에우튀프론』 → 『소피스트』 → 『변명』의 순서가 나온다. 여기에다, 『소피스트』의 대화는 『정치가』의 대화로 이어진다는 드라마적 사실(『정치가』 257a~8a)까지 덧붙이면, 플라톤은 『테아이테토스』 → 『에우튀프론』 → 『소피스트』 → 『정치가』 → 『변명』이라는 드라마 순서 계열을 의식적으로 구상한 것으로 보인다. 이 다섯 개 작품들 안에서 드라마적으로 (『변명』은 역사적 기술의 성격을 다분히 가지고 있지만 드라마적 요소가 배제되는 것은 아니기에) 그려지고 있는 사건들이 실제 역사 안에서 발생한 시점은 모두 기원전 399년이다. 초기 작품과 후기 작품을 하나의 드라마적 계열 단위 안으로 집어넣는 플라톤의 의도는 무엇일까? 소크라테스의 역사적 사망 시점인 기원전 399년과 이 드라마적 계열 단위는 무슨 관계가 있을까? 뒤에서 밝히겠지만, 이 다섯 개 작품들은 소크라테스는 누구였고 그리고 사람들은 소크라테스를 누구로 생각했는가라는 질문 혹은 소크라테스는 왜 사형 판결을 받았는가라는 질문에 의해 하나로 묶이는 것 같다. 물론 드라마 시점이 기원전 399년으로 설정된 대화편에는 『크리톤』과 『파이돈』이 또 있지만, 이 두 작품은 재판 이후의 사건을 재현한다는 점에서 그리고 그 주제가 소크라테스의 정체성 혼동이 아니라는 점에서 저 계열 단위에서 빠진다.

『소피스트』의 등장인물 배치에 있어서도 어떤 설정 의도가 숨어 있는 것 같다. 전날의 대화, 즉 『테아이테토스』의 대화에 참여한 사람들이 『소피스트』의 대화에도 그대로 참여한다. 그들은 소크라테스, 테오도로스, 테아이테토스이다. 드라마 안에서 소크라테스와 테오도로스는 나이를 먹은 노인(소크라테스는 70 혹은 71세, 테오도로스는 동년배이거나 그 이상)으로 등장하지만 테아이테토스는 새파랗게 어린 청소년 혹은 청년이다. 테아이테토스의 또래 친구이며 어른 소크라테스와 같은 이름을 지닌 청소년 소크라테스도 자리를 같이 하지만 『테아이테토스』와 『소피스트』에서는 말없이 듣고만 있다. 청소년 소크라테스는 『정치가』에 가서야 응답자로 나선다. 소크라테스만큼 혹은 소크라테스의 나이에 가깝게 나이를 먹은 것으로 보이는 엘레아의 손님은 『소피스트』에서부터 등장한다. 엘레아의 손님은 『소피스트』와 『정치가』에서 본격적인 토론을 주도한다. 토론 내 응답자 역할은 『소피스트』에서는 테아이테토스가, 『정치가』에서는 청소년 소크라테스가 맡는다.

『소피스트』 등장인물 배치에서 눈에 띄는 점은 우선 『파르메니데스』와의 유사성이다. 엘레아의 손님은 대화 주제(철학자-소피스트-정치가 간 동일성 문제)에 관해 잘 알고 있고 잘 기억하고 있다.(『소피스트』 217b8~9) 이 주제에 관해 그는 대화 방식보다는 혼자서 말하는 긴 설명 방식을 선호한다. 하지만 굳이 대화 방식을 채택해야 한다면 응답자는 '애먹이지 않는 부드러운 사람', 자기가 하는 말을 '유순히 따를 사람'(즉 테아이테토스)이어야 한다.(217b8~d4) 즉 비판적으로 질문을 하거나, 딴 길로 새거나,

어떤 주장을 펼치거나, 고유한 의견을 개진하지 않을 사람이어야 한다. 마찬가지로 『파르메니데스』의 후반부에서 파르메니데스 역시 혼자서 설명하는 방식을 선호하기는 하지만 애먹이지 않는, 쉽게 대답하는 사람(즉 어린 아리스토텔레스)을 동원하는 대화 방식을 받아들인다.(『파르메니데스』 137b1~c2) 나이 먹은 노련한 철학자 대(對) 말 잘 듣는 유순한(비판적이지 않은) 청년 사이의 대화 구도 그리고 껍데기는 토론이지만 혼자 말하는 철학적 논고(論考) 형식으로 형태를 변환해도 별 문제 없어 보이는 대화 구도의 특징은 『정치가』에서도 이어진다. 『정치가』에서는 테아이테토스의 유순한 응답자 역할을 청소년 소크라테스가 이어받는다.

나이 먹은 노련한 철학자 대 무비판적 청(소)년 사이의 대화 구도 그리고 형식은 토론이지만 철학자가 혼자 말하는 논고 형식으로 형태 변환이 가능한 대화 구도의 특징은 초·중기 대화편에서 볼 수 없는 포맷이다. 플라톤은 왜 이런 세팅과 등장인물 배치를 설정했을까?[1] 많은 연구자들이 지적하는 것처럼, 『파르메니데스』에서는 중기 대화편의 형상이론 문제의 극복 내지 해소를 위한 논리적 연습 차원에서 그런 토론 세팅이 도입되었다고 치자. 그렇다면 『소피스트』 및 『정치가』의 주제 역시 형상이론 문

1 이 문제제기에 관해서는 M. Frede, "The Literary From of the *Sophist*", in: Ch. Gill(ed.) *Form and Argument in Late Plato*, Oxford, 1996, pp.135~152.

제의 극복 내지 해소를 위한 논리적 연습 차원에 놓여 있다는 말인가? 그런데 『소피스트』 및 『정치가』의 논의가 논리적 연습으로 해석될 여지가 과연 있는가?

『소피스트』 및 『정치가』의 세팅과 『파르메니데스』의 세팅 사이에는 애매한 불연속뿐만 아니라 확실한 불연속도 있는 것 같다. 『파르메니데스』의 토론 리더는 소크라테스가 아니라 이방인 파르메니데스이다. 중기 대화편에서 소크라테스가 가끔씩 이야기하는 형상이론 문제의 중요성 때문에 이 문제를 문제화하는 역할을 다시 소크라테스(그것도 아직은 젊은 축에 속하는 소크라테스)가 떠맡는 것은 부자연스러워 보인다. 반면에 위대한 노 철학자 파르메니데스가 그 역할을 맡는 것은 부자연스럽지가 않다. 한 이론에 대한 비판은 완숙한 외부자가 행하는 것이 자연스러워 보인다. 이에 비해 『소피스트』와 『정치가』에서 펼쳐지는 철학적 이론이나 담론이나 논의는 플라톤 자신의 이야기로 보인다. 그렇게 보이는 것이 일단은 자연스럽다. 그런데 플라톤은 왜 소크라테스에게 주된 담론자 역할을 맡기지 않는가? 왜 한 번도 본적이 없는 낯선 이방인에게, 그것도 역사적 인물이 아닌 이름조차 없는 가상의 인물에게 담론자 역할을 맡기는 걸까? 『소피스트』와 『정치가』에서 펼쳐지는 철학적 담론은 플라톤 자신의 이야기로 보이는 겉모습과는 달리, 이 담론을 끌고 가는 자를 가장 비인격적인 캐릭터로 놓았다는 설정은 자연스러워 보이지 않는다. 플라톤은 『소피스트』 및 『정치가』의 담론으로부터 자기 자신을 떼어 놓고 싶은 것인가? "여기 한 손님을 데려왔습니다."라는 『소피스트』의 첫 구절(216a2) 그러나 손님의 이름은 밝히지 않는 첫 구절에서부터 플라톤은 '이 이야기는 내 이야기가 아니야'라고 독자들에게 암시하고 싶었던 것일까? 가상적 인물을 담론 주인공으로 심어 놓은 이 설정을 우리는 어떻게 이해할 수 있을까? 작가 플라톤과 가상적 캐릭터로서 엘레아에서 온 손님 사이의 거리는 얼마나 가까운가? 혹은 그 거리는 얼마나 멀리 떨어져 있는가?

손님을 담론 주인공으로 설정한 이유는 더 생각해봐야겠지만 테아이테토스를 『테아이테토스』뿐만 아니라 『소피스트』에서도 계속해서 응답자 캐릭터로 설정하는 이유 중의 한 부분은 알 수 있을 것 같다. 테아이테토스는 소크라테스와 겉보기에 닮았지만(들창코, 퉁방울눈, 『테아이테토스』 143e) 당연히 소크라테스는 아니다. 『소피스트』의 주제적 모티브 역시 닮음이다. 이미지는 원상을 닮았지만 원상은 아니다. 캐릭터들 사이의 관계가 텍스트의 모티브를 복선(伏線)처럼 예고하고 있다. 옆에서 이야기를 듣고 있는 청소년 소크라테스도 이 닮음 모티브를 반영한다. 청소년 소크라테스는 이름에 있어 소크라테스와 닮았지만 당연히 동일인이 아니다. 이름의 닮음은 친족성(oikeiotês)을 암시하지만 정말 친족적인지는 논의를 통해 확인해봐야 한다.(『정치가』 258a1~3)

플라톤의 텍스트가 자주 그렇듯이 『소피스트』 역시 두 겹 이상의 틀로 포장되어 있다. 토론 전체는 "소피스트는 누구인가?"라는 질문에 대한 답변을 구하는 것이지만, 이 질문은 "철학자는 누구인가?"라는 질문에 의해 감싸여 있다. "소피스트는 누구인가?"라는 질문에 대한 탐색도 재차 두 겹으로 되어 있다. 우선, 손님은 저 질문에 대한 답을 얻기 위해 소위 분할(diairesis) 방법을 사용해서 7개의 소피스트 규정을 내린다. 이 7개의 규정을 얻는 탐색의 길이 감싸는 부분, 노부루 노토미의 표현을 빌리자면, 바깥 부분(the Outer Part, 218b~236 그리고 264c~268d)이다. 그리고 일곱 번째 규정 시도를 하는 중간에 "그렇게 보이는" (236e1) 현상(現象) 혹은 비존재의 수수께끼에 부딪히는 사건으로 인해 갑자기 옆길(digression)로 빠지게 된다. 이 옆길이 감싸지는 부분, 노토미의 표현을 빌리면, 중간 부분(the Middle Part, 236e~264b)이다.[2] 플라톤 대화편에서 옆길은 낯설지가 않지만 『소피스트』의 이 옆길은 특이하다. 첫째로, 이 옆길은 다른 텍스트의 그 어떤 옆길보다 길다. 『소피스트』의 옆길(스테파누스 번호로 29개)은 주된 길(24개)보다 더 길다. 『소피스트』에서 자주 등장하는 사냥 비유를 가지고 와서 표현하자면, 사냥감 자체가 걸어갔던 그리고 사냥감 자체를 보여주는 길보다 사냥감의 이상한

2 N. Notomi, *The Unity of Plato's Sophist*, Cambridge, 1999.

흔적이 묻어 있는 샛길이 더 길다. 둘째로, 『소피스트』의 옆길은 철학적으로 가장 흥미 있는 혹은 무거운 부분이다.

그러므로 『소피스트』의 겹 구조를 본 사람이 다음과 같은 질문을 던지는 것은 자연스럽다. 주된 길과 옆길은 어떤 관계인가? 이 관계를 감싸고 있음-감싸여 있음이라는 구상적(具象的) 표현으로 서술하는 것은 부족하다. 이 관계에 대한 보다 적절한 이해 방식은 무엇일까? 그와 궤를 같이하여, "소피스트는 누구인가?"라는 질문과 "철학자는 누구인가?"라는 질문은 어떤 관계인가?

III. 분할, 정의, 변증술

손님은 "소피스트는 누구인가?"라는 질문에 대한 탐색을 분할 방법을 통해서 수행한다. 비유하자면, 사냥감을 좇아가는 처음 길은 두 길로 나뉘고, 이 중 한 길을 선택해서 좇아가자면 다시 두 길로 나뉘고, 또다시 한 길을 선택해서 좇아가자면 다시 두 길로 나뉜다. 사냥감이 더 이상 두 갈래로 나뉘지 않는 길에 내몰릴 때까지 사냥은 계속된다. 저 질문에 대한 답변을 얻게 되는 지점은 더 이상의 분할 가능성이 없는 지점이다.

그러므로 엘레아의 손님이 『소피스트』에서 실행하는 분할 방법은, 적어도 이 손님의 의도 하에서는, 한 개념의 정의(定義,

definition)를 구하는 방법으로 봐도 무리 없어 보인다. 이런 점에서 『소피스트』는 초기 대화편들의 핵심 화제(話題)를 이어받는 것처럼 보인다. 많은 초기 대화편들이 개념의 정의를 구하는 탐색 과정을 그리고 있기 때문이다. 이 정의는 사전적 정의를 넘어선다. "X는 무엇인가?"라는 질문이 제기되었을 때, 단어 'X'가 사람들에 의해 쓰이는 의미 용례를 답변으로 주거나 혹은 단어 'X'의 사례들의 충분한 목록을 답변으로 주는 것은 사전적 정의를 주는 것이다. 그러나 저 질문에 대한 진짜 정의, 좀 어려운 말로 실질(實質) 정의를 주는 것은 모든 그리고 오직 F인 것들에만 공통적인 단 하나의 어떤 것을 답변으로 주는 것, 혹은 모든 F인 것들이 그것을 통해 내지 그것 때문에 F가 되는 바로 그것을 답변으로 주는 것, 혹은 모든 F인 것들이 왜 F가 되는지를 설명해주는 바로 그것을 답변으로 주는 것이다. 변증술(辨證術, dialektikê)은 이런 종류의 정의를 내릴 줄 아는 기술이다. 『국가』 제7권에서 소크라테스는 변증술을 이렇게 규정한다. "이것은, 각각의 사물 자체에 대해서, 그것이 무엇인지를 파악하려고 시도하는 방법이다."(533b2~3) 그리고 각각의 사물 자체에 대해 이런 정의를 파악하는 사람이 바로 변증적인 사람이다.(534b3~7)

엘레아의 손님에 따르면, 『소피스트』에서도 그리고 『정치가』에서도, 분할은 개념 정의를 시도하는 방법이다. 그렇다면 분할은 초기 대화편 변증술의 한 발전적 형태로 봐도 되나? 분할은 후기 대화편에서 특징적으로 나타나는 변증술 형태로 봐도 되나? 이 질문에 대한 긍정적 답변을 유인 혹은 유도하는 구절이 으레 중기 후반부 대화편으로 간주되는 『파이드로스』에 나온다. 소크라테스는 '모음'(synagôgê, collection) 방법에 관해 짧게 설명한 후 분할 방법에 관해 설명한다.

> 이번에는 우리가, 모음 방법과는 거꾸로, 자연적인 분절에 따라서 형상(종류)에 따라 자를 수가 있네. 어느 부분이라도 서툰 푸주한이 그러는 것처럼 쳐내서는 안 되네.(265e1~3) … 파이드로스, 나 자신이야말로 이 분할과 모음을 사랑하는 사람일세. 내가 이것을 사랑하는 이유는, 내가 말을 하고 사유할 수 있는 능력을 얻기 위해서이지. 어떤 사람이 일(一)과 다(多)를 식별할 수 있는 사람이라고 내게 생각될 때마다 나는 그의 발자취를 좇아가네. 그 자가 마치 신(神)인 것처럼. 나는 그런 것을 할 수 있는 사람들을 … 변증가(辨證家)라고 부르네.(266b3~c1)

많은 학자들이 『파이드로스』, 『소피스트』, 『정치가』를 그 성격에 있어서 하나로 묶으려고 했다. 묶어주는 끈은 분할이라는 혁신적인 혹은 새로운 철학적 방법이다. 율리우스 스텐젤에 따르면, 『소피스트』의 분할 방법은 『파르메니데스』에서 드러난 형상지시어의 술어화(predication) 아포리아(128e~130a)를 해결하기 위해 고안된 변증술이다.[3] 스텐젤이 파악하려는 『파르메니데스』 128e~130a의 술어화 아포리아(소크라테스가 제논에게 제안하는 아포리아)는 대략 아래와 같이—약간은 스텐젤의 해석 의도에 맞춰—요약될 수 있다. 소크라테스는 여러(多) 사람 중의 한(one) 사람이지만 여러 술어들을 소크라테스에게 귀속시킬 수 있다. 소크라테스는 (갑과) '비슷하고' 그리고 (을과) '안 비슷하다'. 소크라테스는 (갑보다) '크고' 동시에 (을보다) '작다' 등등. 그런 점에서, 소크라테스는 '하나'이고 동시에 '여럿'이다. 그런데 소크라테스(혹은 이와 같은 개물)에 대한 이런 술어화가 그 술어(즉 형상 지시어) 자체에도 적용되는 것처럼 보인다. 그 술어가 지시하는 형상도 여러 형상 중의 하나(one)이지만 여러 술어들을 이 형상에게 귀속시킬 수 있을 것으로 보인다. 즉 형상 F를 주어로 삼았을 때, 여러 술어가 F에게 귀속될 수 있는 것처럼 보인다. 만일 그렇게 되면 F는 '하나'이고 동시에 '여럿'이다. 그런데 이 마지막 말은 모순 아닌가? 형상은 단순하고 독립적인 것이라서 오직 하나로만 있어야지 어떻게 여럿이 될 수 있는가? 한 형상이 여럿이 될 수 있음을 보여줄 길이 있을까? 이 아포리아를 어떻게 해결할 것인가? 129d~130a의 소크라테스의 말을 직접 인용하자.

3 J. Stenzel, *Plato's Method of Dialectic*, trans. by D. J. Allen, Oxford, 1940, Ch.IV~V.

누군가가 형상들을, 예컨대 비슷함, 안 비슷함, 여럿임, 하나임, 정지, 운동 등 모든 그와 같은 것들을 그 자체로 각각 구분한 다음에 이것들이 자기들끼리 결합하고 또한 분리될 수 있음을 증명할 수 있다면, 제논이여, 정말 나는 감탄과 함께 놀라워 할 것입니다.…당신과 파르메니데스가 감각적 대상들 안에 있다고 보여주었던 그 아포리아가 똑같이 이제는 형상들 자체, 즉 논리적으로 사고되는 대상들 안에도 도처에 연루되어 있음을 누군가가 보여줄 수 있다면, 나는 더욱더 놀라워 할 것입니다.

스텐젤에 따르면 『파르메니데스』에서 제기된 아포리아가 『소피스트』에서 응답된다. 분할 과정을 거쳐 더 이상 분할될 수 없는 것에 이르게 된 결과는 결국 목표물 형상에로 귀속 가능한 형상 술어들을 하나로 결합해 놓은, 즉 모아 놓은 것이다. 이 모음(즉 결합)이 곧 정의이다. 정의하는 과정은 분할해 나가면서 모으는 과정이다. 해당 형상 개념은 분할 과정을 거쳐 정의항 안에 다 모여진 모든 술어들을 가지며, 따라서 형상지시어 술어화의 아포리아는 해결된다.

프란시스 콘포드의 해석도, 크게 보면, 같은 해석 계열에 속한다. 콘포드에 따르면, 초기 대화편의 정의 구하기 방법이 귀납(induction, epagôgê)이라면 후기 대화편의 정의 구하기 방법은 분할과 모음이다. 단, 스텐젤의 해석과는 달리, 콘포드는 모음을

최종적 분할의 예비단계로 본다.[4]

줄리어스 모랍식의 해석은 기술적으로 보다 정교하지만 기본적으로 스텐젤-콘포드와 같은 계열이다. 모랍식에 따르면, 플라톤은 후기에 들어와서는 중기 대화편『파이돈』과『향연』에서의 형상에 대한 관점—본성상 단순한 것—을 버리며(혹은 수정하며), 그와 함께 방법론도 가설적(hypothetical) 방법에서 분할 방법으로 갈아탄다. 분할 방법의 존재론적 전제는, 형상은 복합적인 것이라는 것이다. 형상은 다른 형상의 부분이거나 그 자체가 부분을 가지는 것이다. 후기 대화편에서의 형상은 단순(simple)하지는 않지만 고유성(uniqueness)을 잃지는 않는다. 형상의 고유성은 형상의 부분들의 모음과 부분들의 내적 연결 관계를 한 번에 표현하는 기술(記述)에 의해 인식적으로 확보된다. 형상의 고유성 기술이 곧 정의이다.『소피스트』에서의 플라톤의 관심은 소피스트라는 한 특정 개체에 관한 것이 아니라 소피스트를 소피스트답게 해주는 기술(技術)에 속하는 부분들, 즉 2차 논리 레벨(second-order)의 자연종 기술(技術, technê)들에 관한 것이다. 플라톤은 2차 논리 레벨의 술어에 관한 어떤 형이상학을 제시한다.[5]

4 F. M. Cornford, *Plato's Theory of Knowledge: The Theaetetus and the Sophist*, New York, 1935, pp.184~7.

5 J. M. E. Moravcsik, "Plato's Method of Division", in: J. M. E. Moravcsik(ed.), *Patterns in Plato's Thought*, Dodrecht/Boston, 1973,

이에 반해 해롤드 체르니스와 길버트 라일은 분할 방법에 그렇게 높은 점수를 부여하지 않는다.[6] 체르니스와 라일에 따르면 『소피스트』와 『정치가』의 분할 방법은 새로운 혹은 혁신적인 방법이 될 수 없다. 분할 방법은 지루하거나 엉성하거나 혹은 그 사용 가치가 매우 제한적이다. 분할 방법은 철학 혹은 변증술에 속할 만한 가치가 못 된다. 분할에 관한 체르니스-라일 진영의 판단을 지지하는 혹은 강화하는 『소피스트』 내적 텍스트 증거들은 있는 것처럼 보인다. 첫째, 텍스트에서 분할의 성취 결과들은 서로 모순을 지닌다. 첫 번째~다섯 번째 분할에 따르면 소피스트 기술(技術)의 관할 영역은 덕(德)에 한정되지만, 일곱 번째 분할에 따르면 소피스트 기술의 관할 영역은—일곱 번째 분할은 다섯 번째 분할로부터 나온 것임에도 불구하고—모든 것들(all things)이다. 똑같은 비일관성 문제는, 첫 번째에서 다섯 번째까지 소피스트 기술 규정은 최초 출발점이 획득적 기술이지만 일곱 번째 소피스트 기술 규정은 최초 출발점이 만드는(제작적) 기술이라는 점이다. 일곱 번째 분할은 다섯 번째 분할로부터 나왔기 때문에, 마지막 지점의 한 개의 목표점(target) 기술이 상호 배타적인 출발점 두 기술(즉 획득적 기술과 제작적 기술)에 동시에 속

pp.158~180.

6 H. F. Cherniss, *Aristotle's Criticism of Plato and the Academy*, Baltimore, 1944, p.46ff.; G. Ryle, Plato's Progress, Cambridge, 1966, Ch.IV.

할 수 없다. 삼랑진에서 마산으로 빠지는 철로 지선이 서울–부산의 경부선과 서울–목포의 호남선에 동시에 속할 수 없는 이치와 동일하다.

둘째, 여섯 번째 분할(226a6~231b8)에 따라 규정되는 소피스트 기술이 첫 단계에서 속하는 기술은 분리 기술이다. 획득적 기술과 제작적 기술 옆에 분리 기술이 들어선 것이다. 지금까지 지켜왔던 이분(二分) 원칙이 갑자기 깨져버린다.

셋째, 일곱 번째 분할 안에서도 비일관성이 보인다. 소피스트를 수색하는 일곱 번째 분할을 따라가면, 기술 중에서 획득적 기술이 아니라 제작적 기술 → 제작적 기술 중에서 원상이 아니라 모상(이미지)을 제작하는 기술 → 모상 중에서도 닮은 모상이 아니라 유사 닮음의 모상을 제작하는 기술 → 제작할 때 일반 도구를 사용하는 것이 아니라 자신의 신체를 도구로서 사용하는 기술 → 자신의 신체를 도구로서 사용하는 기술 중에서도 모상에 관한 앎이 아니라 의견을 가지는 기술을 만나게 된다(267b~e). 앎(지식)으로부터 모상을 제작하는 기술이 그렇게 보이지만 실제로는 그것이 아닌 것, 즉 비존재(혹은 ~이지 않은 것)의 영역 안에 놓일 수 있는가? 앎의 원칙에 근거하는 기술이 거짓 제작 영역에 속할 수 있는가?

분할 방법에 그렇게 높은 점수를 부여할 수 없는 이유는 텍스트 내적 비일관성뿐만 아니라 텍스트와 텍스트 사이의 불일치에도 있다. 손님은 『소피스트』에서 기술을, 첫째 단계에서, 획득적 기술 대(對) 제작적 기술로 이분(二分)해서 진행하지만, 바로 이어서(같은 날에!) 『정치가』에서는 기술을, 역시 첫째 단계에서, 이론적 기술 대 실천적 기술로 이분해서 진행한다. 또, 보통 중기 대화편(혹은 초기 대화편들 중에서도 나중 시기)으로 분류되는 『고르기아스』에서 소피스트 기술은 겉보기만 기술일 뿐 실제로는 기술이 아니라 요령(empeiria)에 불과하다는 점이 이미 드러났다.(462b~463e) 소피스트가 발휘하는 것은 기술이 아니라 요령 혹은 어떤 익숙한 경험이기 때문에 『소피스트』가 보여주는 분할은 처음부터 잘못됐다.[7]

주어진 것을 둘로 쪼개는 일이 성공하려면 적절하게 둘로 쪼개야 한다. 그런데 주어진 것을 적절하게 둘로 쪼개려면 쪼개야 할 주어진 것이 대체 무엇인지 혹은 어떤 종류의 것인지를 먼저 지각 혹은 식별해야 한다. 대상을 쪼개는 기술은 대상에 대한 식별 기술에 의존하는 것 같다. 아닌 게 아니라 『소피스트』에서는 쪼개는 방법 옆에 모델(본보기, paradeigma)을 사용하는 방법도 제시되고 있다. 탐색 방법적으로 가치 있는 혹은 더 가치 있는 것은 분할 방법보다는 모델 방법으로 보인다. 텍스트 증거는, 첫

7 『고르기아스』발(發) 『소피스트』적 분할방법 비판에 관해서는 L. Brown, "Definition and Division in Plato's *Sophist*", in: D. Charles, *Definition in Greek Philosophy*, Oxford, 2010, pp.151~171.

째, 손님은 소피스트 수색을 하기 전에 낚시꾼 혹은 낚시 기술을 모델로 제안한다는 것이다.(218d~221e) 낚시꾼 모델은 분할 방법을 예화(例化)해준다는 점에서도 유용하지만, 더 중요하게는, 목표물 분할 대상이 사냥꾼 종류임을 식별하게 해준다. 둘째, 소피스트 혹은 소피스트 기술에 관한 규정들이 너무 많이 나오게 되는 혼란을 정리하기 위해 손님은 두 번째 모델을 제안한다. 그것은 모방 기술, 구체적으로 회화술(繪畫術) 혹은 요술쟁이 기술이다.(233d~235b) 이 모델은 목표물 분할 대상을 사냥꾼이 아니라 모방물을 제작하는 자로 식별하게끔 인도한다. 셋째, 손님이 옆길 논의에서 형상들의 결합 가능성이라는 어려운 과제를 풀기 위해 먼저 행했던 것은 철자술 모델을 끌고 오는 것이다.(253a)[8]

그런데 모델 방법의 방법적 가치에 주목할 필요가 있다는 점은 분명하지만 모델 방법이 변증술의 부분인지는 불분명하거나 의심스럽다. 그 이유는, 모델 사용이 곧 변증술이라는 혹은 이것의 부분이라는 언명이 플라톤의 텍스트에서 부재하다는 점 그리고, 더 중요하게는, 모델로 끌고 오는 대상은 변증술의 연구 대상이 아니라는 점에 있다.

초 · 중기 대화편의 변증술은 『파르메니데스』 이후 어떤 모습

8 『정치가』에서도 정치가 혹은 정치술을 여러 방식으로 분할 규정할 때 한두 가지 모델(목축 기술, 씨줄과 날줄의 결합 기술)이 동원된다.

으로 바뀌어 후기 대화편의 변증술이 되는가? 이 질문은 중요하다. 이 질문이 중요한 만큼 『파이드로스』편과 『필레보스』편이 언급하거나 보여주는 분할 방법을 지렛대로 삼아서 그 변화된 모습을 그리려는 유인의 힘도 여전히 크다. 스텐젤, 콘포드, 모랍식이 제안한 해석처럼 분할 방법은 그 변화된 모습의 열쇠가 되는가, 아니면 별 가치 없는 스킬에 불과한가?

IV. 비존재와 존재

소피스트에 관한 일곱 번째 규정 시도를 하는 중간에 빠져버린 옆길은 비존재와 존재의 문제 그리고 형상들의 결합 가능성 문제에 관한 논의가 된다. 『소피스트』의 이 옆길은 철학적으로 흥미 있는 혹은 어려운 논의라서 많은 연구자들의 해석적 도전과 논쟁적 토론을 받아왔던 부분이다.

우선 제목에 출현하는 '비존재'와 '존재'라는 우리말 표현부터 문제다. 무슨 말인가? 영어 'be' 동사는 애매하다. 문맥에 따라 '~이다'(자기 뒤에 술어를 끌고 오는 연결어)로 새길 수도 있고, '존재하다'로 새길 수도 있다. 후자로 새길 경우 그때 'be' 동사는 'exist'와 동의어이다. 플라톤 당시의 그리스어에서 'exist'에 1:1로 짝하는 단어는 없다. 하지만 'be'에 1:1로 짝하는 단어는 있다. 그게 'einai' 동사다. 널리 받아들여지는 해석에 따르면 'einai' 동사는 문맥에 따라 '~이다'로 새길 수도 있고, '존재하다'로 새길 수도 있다. 그러니 『소피스트』편에 관한 철학적 논쟁의 배경을 이루는 언어적 사실은 다음과 같다. 현대유럽어이든 라틴어이든 고대그리스어이든, 모두 계사(繫辭, copula), 즉 주어와 술어를 연결하는 연결어를 가지고 있는데, 이 연결어 표현이 —주류적 해석에 따르면— 때로는 '존재하다'의 의미를 가진다는 것이다. 즉 'einai'('be') 동사는 그리고 여기에서 파생된 명사(그리스어는 'on', 영어는 'being') 혹은 명사구(그리스어는 'to on', 영어는 'what is')는 애매하다. 그런데 우리말은, 번역을 하는 순간, 이 애매성을 처음부터 제거해 버린다. 우리말에는 연결사의 기능을 하면서도 때로는 '존재하다'로 새길 수 있는 단어가 없다. 애매성을 살릴 우리말 번역은 없다.[9]

그런데 『소피스트』의 옆길 논의에 출현하는 표현어 'be' 혹은 'being'을 어떻게 새기느냐 하는 문제는 단순한 번역의 문제가 아니다. 이 문제의 함축은 아주 크다. 『소피스트』의 옆길 논의는 해석에 따라서 어떤 형이상학을 제시한 논의로도 볼 수도 있고,

9 그러므로 독자들은 역자의 번역(특히 옆길 236e~264b 문맥)에서 출현하는 우리말 표현어 '존재'는 '~임'(혹은 '~인 것')으로도 해석될 수 있음을, 그리고 '비존재'는 '~이지 않음'(혹은 '~이지 않은 것')으로도 해석될 수 있음을 양지하기 바란다.

형이상학 없는 논리학 혹은 언어분석 논의로도 볼 수 있다.

프란시스 콘포드에 따르면 옆길 논의는 플라톤의 후기 형이상학이다. 그에 따르면 "모든 형상은 존재한다. 따라서 비-존재(non-existent)가 들어설 자리는 없다. 우리는 그런 의미의 'is-not'은 제거해 버렸다."[10] 그 어떤 형상이라도, 형상이기 위해서는, 우선 "아주 중요한 형상" 존재에 참여해야 한다. 따라서 그것이 형상이기만 하면 그것은 존재한다. 콘포드에 따르면 물론 'is'가 연결사로 쓰일 때도 있는데, 이때의 'is'의 의미는 '동일하다'이다. 형상이 주어로 오고 그다음에 연결사 'is'가 왔다면 이 문장이 뜻하는 바는 "형상은 (자기 자신과) 동일하다."는 것이다. 이때 그 형상은 아주 중요한 형상 동일성(sameness)에 참여한다. 반면에 형상이 주어로 오고 그다음에 표현 'is not'이 왔다면 이 문장이 뜻하는 바는 "형상은 (무엇과) 다르다."는 것이다. 이때 그 형상은 아주 중요한 형상 다름(difference)에 참여한다.[11]

존 아크릴은 형이상학이라는 거창한 이야기까지 하지는 않지만 콘포드 해석과 일관적인 그러나 콘포드보다 더 선명하게 'be'의 용법을 분석한 해석을 제시한다. 아크릴에 따르면 『소피스트』는 표현어 'be'(혹은 'being')가 가지는 구문론적으로 완전한 용법

10 F. M. Cornford, 1935, p.296.

11 F. M. Cornford, 1935, p.281ff.

(논리학적으로 1항 술어)과 불완전한 용법(2항 술어)을 구분하고, 이에 짝하여 '존재하다'의 의미와 '~이다'(주어-술어 연결사이든 동일성 기호이든)의 의미를 구분하고자 한다. 손님의 목적은 'be' 동사의 존재적 의미를 다른 의미로부터 떼어내는 연습을 한다는 것이다.[12]

아크릴이 기대고 있는 문법적 분석에 대해 좀 더 부연 설명을 하자. 예를 들어 "Tom walks."에서 술어로 쓰인 동사 'walk'는 완전한 용법이다. 구문론적으로 'walk' 다음에 보충되어야 할 단어는 없다. 'walk' 다음에 아무것도 오지 않아도 이 문장은 이미 형식적으로 완전하다. 술어 'walk'는 오직 1개의 항(즉 주어 'Tom')만 필요하기에 이런 술어를 논리학에서는 '1항 술어'라고 부른다. 반면에 "Tom seems tired."에서 술어로 쓰인 동사 'seem'은 불완전한 용법이다. 'seem' 다음에 어떤 보어('tired'이든, 'healthy'이든, 또는 그 무엇이든)가 보충되어야지 이 문장은 완성된다. "Tom seems." 자체는 불완전하다. 이 문장의 술어 'seem'은 2개의 항(주어와 보어)을 필요로 하기에 이런 술어를 논리학에서는 '2항 술어'라고 부른다. 혹은 해당 동사가 'seem'처럼

12 J. L. Ackrill, "Plato and the Copula: Sophist 251~9," in: The Journal of Hellenic Studies, v.77, 1957, pp.1~6. repr. in: Studies in Plato's Metaphysics, R. E. Allen(ed.), London: Routledge and K. Paul, 1965, pp.207~18.

자동사가 아니라 타동사일 경우에는 목적어가 보충되어야 하므로, 모든 타동사는 불완전한 용법이고 논리적으로 2항(목적어가 1개인 경우) 혹은 3항(목적어가 2개인 경우) 술어가 된다.

나아가, 같은 동사라도 두 용법은 구분된다. 예를 들어 "Tom grows."("톰은 성장한다.")에서 'grow'는 완전한 용법이고 "Tom grows tomatoes."("톰은 토마토를 키운다.")에서 'grow'는 불완전한 용법이다. 이제 'grow'처럼 동일한 동사에서 성립하는 두 용법 사이의 구분이 동일한 동사 'is'에도 적용되는지가 문제다. 아크릴과 콘포드는 이 구분이 'is'에도 적용된다고 생각한다. 예컨대, 누군가가 신 존재 증명 문맥에서 "God is."("신은 존재한다.")라고 말하면 'is'는 완전한 용법으로, 하지만 그와 다른 문맥에서 "God is love."라고 말하면 'is'는 불완전한 용법으로 보이기 때문이다. 이 문장에서 주어 'God'과 보어 'love'를 모두 제거하면 'is' 하나만 남게 되고, 이것을 현재분사화해서 명사로 만들어주면 'being'('on')을 얻는다. 따라서 'being'에서 구분되는 두 가지 구문론적 용법이 있는 만큼, 거기에 대응해서 두 가지 구분되는 의미가 있다. 하나는 '존재'이고 다른 하나는 '~임'이다. 이 의미 구분을 명확하게 하는 것이 『소피스트』의 옆길 논의의 핵심이다.

하지만 '존재하다'라는 말의 자체적 의미에 관해서 의구심을 가지거나 '존재하다'라는 말의 술어적 위치에 관해 논리적 관점에서 의심하는 철학자라면, 『소피스트』를 아크릴-콘포드 해석으로 읽는 방식에 제동을 걸 것이고, 따라서 'is'의 이 두 용법 구분에 관해서 시비를 걸 수 있다. 이제 이 시비 거는 해석을 살펴보자.

『소피스트』에서 엘레아의 손님이 뜻하는 'being'의 의미가 둘 이상이라면, 그 의미가 서로 다른 만큼 그 의미의 개수에 맞춰 지칭되는 형상 혹은 종류(種類)의 수도 둘 이상일 것이라고 우리는 기대해야 한다. 그런데 플라톤의 중기 대화편에서 한 개의 언어적 표현은 오직 하나의 형상만 지칭하는데, 그 이유 중의 하나는 그 한 개의 언어적 표현이 오직 하나의 의미만 가지기 때문이다. 따라서 『소피스트』의 옆길 논의가 플라톤의 생각이라면 그리고 엘레아의 손님은 플라톤의 대변자라면, 저 한 개의 언어적 표현 'being'에 의해 지칭되는 형상 혹은 종류의 수도 한 개일 것이다. 마이클 프레데는 이 생각을 바탕에 깔고 콘포드-아크릴 해석에 제동을 건다. 프레데에 따르면 명사 'being'이 존재사 의미로 쓰였다는 그 어떤 증거도 텍스트에 없다. 옆길 논의의 키워드 'being'은 불완전한 서술적 용법으로만 사용되는 것으로 보는 것이 가장 무리가 없다. 이 언어적 표현에 연루되는 형상 혹은 종류가 무엇인지의 문제도 'be'의 불완전한 서술적 용법으로부터 이해되어야 한다는 것이다. 손님 혹은 플라톤은 'be'의 존재 의미를 구분해내는 일을 하고 있지 않다.[13]

13 M. Frede, *Prädikation und Existenzaussage*, Hypomnemata, Heft 18,

그월림 오웬은 프레데의 논증과는 내용상 다른 논증을 제시하지만 도달하는 최종 결론은 똑같다.[14] 오웬이 보기에, 동사 'be'의 완전한 용법과 불완전한 용법 사이의 명료한 구분은 『소피스트』에서 발견되지 않는다. 그 구분이 발견되지 않는다고 해서, 그 구분의 부재를 아쉬워 할 필요는 전혀 없다. 그런 구분은 텍스트가 화제로 삼는 철학적 문제와 상관이 없기 때문이다. 오웬의 착상은 그 자신이 '동등함 가정'(Parity Assumption)이라고 표현한 방법적 원칙에 기반을 두고 있다. 오웬에 따르면, 동등함 가정은 'non-being'에 관한 아포리아를 해결하기 위한 논증을 인도하고 지배해야 할 원칙으로서 손님 혹은 플라톤에 의해 세워진 것이다. 동등함 가정은 "'being' 혹은 'not-being' 둘 중 어느 하나에로 조명된 빛은 다른 하나도 동등하게 조명할 것이다."[15]로 표현된다. 소피스트를 포획하는 것이 『소피스트』 전체의 문제이고, 소피스트 포획은 "그렇게 보이는"(236e1) 현상(現象)의 아포리아에 부딪히고, 이 아포리아는 결국 'non-being'의 아포리아이다.

Göttingen, 1967. 그리고 이것을 발전시킨 프레데의 논문: "Plato's Sophist on False Statements", in: *The Cambridge Companion to Plato*, R. Kraut(ed.), Cambridge, 1992, pp.397~424.

14 G. E. L. Owen, "Plato on Not-Being", in: *Plato 1: Metaphysics and Epistemology*, G. Vlastos(ed.), New York, 1971, pp.223~67. Repr. in: *Plato 1: Metaphysics and Epistemology*, G. Fine(ed.), Oxford, 1999, pp.416~54.

15 G. E. L. Owen, 1999, p.422.

그런데 'non-being'에 출현하는 'being'은, 콘포드-아크릴의 해석에서도 인정하듯이, 구문론적으로 불완전한 용법이다. 따라서 동등함 가정에 따라 'non-being'과 비교되는 'being'도 구문론적으로 불완전한 용법이다. 그러므로 『소피스트』에서 플라톤이 설명하고자 하는 'non-being'과 'being'은 둘 다 '존재' 혹은 '존재하는 것'과 상관이 없다. 『소피스트』는 존재 문제를 다루지 않는다. 지시(reference)와 술어화(predication)의 문제만 다룰 뿐이다.

콘포드-아크릴 해석 계열과 프레데-오웬 해석 계열을 화해시키려는 시도도 있다. 레슬리 브라운에 따르면, 문장 유형 "X is F."의 'be' 동사 용법(불완전한 용법)과 문장 유형 "X is."의 'be' 동사 용법(완전한 용법) 사이에 구문론적 구분이 있다고 해서, 이 구분이 어떤 의미론적 구분을 함축할 필요는 없다. "X is."의 'be' 동사 용법은 완전한 용법이라서 보어(補語) 보충을 요구(require)하지는 않지만 허용(allow)하기 때문에, 이 'be' 동사의 존재사 의미와 '~이다'로 새겨지는 술어화 의미가 날카롭게 구분되지는 않는다. 브라운에 따르면, 이 'be' 동사의 특이성을 보여주는 유비(analogy)가 영어 및 인도유럽어에는 많이 있다. 문장 (A) "제인은 불어를 가르친다.(Jane is teaching French.)"에서 'teach'는 불완전한 용법이고 문장 (B) "제인은 가르친다.(Jane is teaching.)"에서 'teach'는 완전한 용법이지만, (B)의 'teach'는 보어 보충을 요구하지는 않지만 허용은 한다. 완전한 용법으로 쓰인 동사 'fight'(싸우다), 'eat'(먹다), 'grow'(기르다)도 마찬가지다. 이 유비에 근거해 브라운은, 완전한 용법의 'be' 동사와 불완전한 용법의 'be' 동사 사이에는 의미론적 차이가 있다기보다는 연속성이 있다고 주장하며, 이런 의미론에 따라서 『소피스트』를 읽어야 한다고 제안한다. 그녀에 따르면 "X is."(완전한 용법)는 "X is something."을 의미론적으로 허용하거나 함축하고, "X is F."는 "X is."를 함축한다.[16]

브라운의 논제는 한편으로 'be' 동사와 다른 한편으로 'teach'나 'eat' 부류 사이의 유비에 근거한다. 이 유비가 얼마나 탄탄한지는 따져봐야 할 문제다.[17] 또 브라운은 완전한 용법의 'be' 동사의 의미('존재하다')와 불완전한 용법의 'be' 동사의 의미('~이다') 사이에는 연속성이 있다고 주장하지만, 이 의미 연속을 가능하게 하는 의미론적 근거가 무엇인지는 혹은 두 의미를 하나로 연결시키는 끈은 무엇인지는 불명하다. 또 브라운이 옳다면 기술(記述) 가능한 그 어떤 것도 "(무엇)이기" 때문에 그것은 "있다(존재한다)." 도깨비는 기술 가능한 어떤 것이기 때문에, 즉 도깨비

16 L. Brown, "Being in the *Sophist*", *Oxford Studies in Ancient Philosophy*, v.4, 1986, pp.49~70. Repr. in: *Plato 1: Metaphysics and Epistemology*, G. Fine(ed.), Oxford, 1999, pp.455~78.

17 브라운의 유비논증에 대한 비판으로는 J. Malcolm, "Some Cautionary Remarks on the 'Is'/'Teach' Analogy", *Oxford Studies in Ancient Philosophy*, v.31, 2006, pp.281~96.

는 술어 "~이다"를 만족하는 것이기 때문에, 도깨비는 있다(존재한다). 하지만 우리의 직관에 따르면, 어떤 것의 기술 가능성이 그것의 존재를 허용하지는 않는다.

논쟁은 쉽게 해결될 것 같지 않다. 『소피스트』의 옆길 논의 뒤에 웅크리고 있는 질문의 덩치가 크기 때문이다. 우리가 세계를 이해한다는 말은, 우리가 그 세계에 무엇이 존재한다는 것을 안다는 말인가, 아니면 세계 안의 어떤 것이 무엇이라는 것 혹은 어떠어떠하다는 것을 안다는 말인가?

V. 거짓 진술

소피스트는 말을 통한 모상을 만드는 자이므로 소피스트를 포획하는 일은 비존재를 설명하는 일뿐만 아니라 거짓 진술(문장)을 설명하는 일도 요구한다. 거짓 진술은 존재하는 것(혹은 ~인 것)에다가 비존재(혹은 ~이지 않은 것)를 귀속시킴으로써 발생한다. 거짓 진술은 존재하는 것(혹은 ~인 것)에 대한 어떤 부정(negation)이다. 엘레아의 손님은 두 가지 논점을 밝힘으로써 거짓 문장을 설명하고자 한다. 첫째, 부정은 주어 자리가 아니라 술어 자리에서 작동한다. 둘째, 부정은, 그것의 이름이 부정되는 항목의 반대자를 명시할 필요는 없고 단지 그것과 다른 어떤 무언가를 말하기만 하면 된다.

“소크라테스는 크다.”가 거짓이라고 해보자. 이 거짓 진술은 참 진술 “소크라테스는 ___이다.”에 대한 어떤 부정이다. 이 거짓 진술은 참 진술의 술어 자리 ‘___’을 채우는 항목의 반대자를 명시한다기보다는 이것과 다른 어떤 무언가를 지시한다. 그런데 ‘___’을 만족하는 항목은 무엇일까? 259b8부터 시작하는 거짓 진술 논의를 259b8 이전의 문맥(비존재와 존재 논의, 형상들의 결합 논의 문맥)과 연결해서 읽으면, ‘크다’ 혹은 ‘큰 것’과 동일하지(identical) 않는 것 모두가 죄다 ‘___’을 만족하는 항목이 된다. 즉 작은 것(키 작음), 남자, 들창코, 못생겼음, 용감함, 가난함, 알로페케 출신, 소프로니코스의 아들 등등이 ‘___’을 만족하는 항목이다. 이제 동일한 논점을 부정어가 들어간 참인 문장 “소크라테스는 크지 않다.”를 가지고 이야기해보자. 진술 “소크라테스는 크지 않다.”는, 큼이 소크라테스가 가지고 있는 모든 각 항목과 다르다는 말인가? 비존재 논의 문맥과 형상들의 결합 논의 문맥에서 ‘다름’은 ‘~이지 않음’이되, 동일성을 부인하는 의미였기에, “그렇다”고 답하는 것이 자연스러워 보인다. 이 독해에 따르면 거짓 진술을 설명하는 설명항 ‘다름’은 ‘비동일성’ 혹은 ‘구분됨’을 의미한다.[18]

18 J. McDowell, “Falsehood and Not-Being in Plato’s Sophist”, in: *Lan-*

그런데 이 독해는 정작 거짓 진술 논의 문맥 내에서 부자연스럽다. 이 문맥에서 등장하는 샘플 거짓 진술 "테아이테토스는 날고 있다."를 설명하기 위해서는 참 진술 "테아이테토스는 날고 있지 않다."를 분석할 필요가 있다. 이 독해는, 진술 "테아이테토스는 날고 있지(flying) 않다."에서의 날기(flying)가 주어 '테아이테토스'에게 술어적으로 귀속되는 일체의 모든 것들(남자, 들창코, 앉아 있음 등)과 다르다고, 즉 이것들과 동일하지 않다고 분석한다. 논리학 용어를 빌리자면, 이 독해는 '다른 것'의 후보로서 분석 대상 속성 너머의 보편양화(universal quantification)를 요구한다. 그러나 문맥적으로는 '다른 것'의 후보는 보편양화가 아니라 어떤 지시(reference)인 것 같다. "테아이테토스는 날고 있지 않다."에서 '날기'와 다른 것은 앉아 있기를 지시하는 것으로 보는 것이 자연스럽다. 즉 "테아이테토스는 앉아 있을 뿐 날고 있지도 않고 날 수도 없다."는 말이다. 이렇게 읽게 되면 '~이지 않다'라는 부정(혹은 '다름'의 개념)에 대해 두 번째 의미를 부여할 필요가 있다. '날기'는 '앉기'의 부정인데, 이 부정은 동일성의 부정이라기보다는 양립불가능성(incompatibility)의 주장이다.[19] 양

guage and Logos, M. Schofield(ed.), Cambridge 1982, pp.115~34. 그리고 앞서 언급된 프레데의 1992년 논문.

19 M. Ferejohn, "Plato and Aristotle on negative Predication and Semantic Fragmentation", *Archiv für Geschichte der Philosophie*, v.71, pp.257~82;

립불가능성 독해에서 볼 때 부정은, 술어 자리의 항목과 양립불가능한 것을 지시한다. 양립불가능성 독해에 따르면 진술 "소크라테스는 크지 않다."는, 큼이 소크라테스가 가지고 있는 모든 것과 다르다는 것이 아니라 단지 작음 혹은 (크기의) 같음과 양립불가능하다는 것을 뜻한다. 쉽게 말해 "소크라테스는 크지 않고, 작거나 같다."를 뜻할 뿐이다. 크기(size)라는 보다 큰 종류 혹은 범주 내에서 한 항목(큼)을 부정한다는 것은 그 종류 내 큼과 양립불가능한 것(작음 혹은 같음)을 지시한다는 말이다. 테아이테토스라는 한 인간의 운동 혹은 정지를 포괄하는 속성 범주 내에서 한 항목(날기)을 부정한다는 것은 그 속성 범주 내 날기와 양립불가능한 것(예컨대 앉아 있기, 누워 있기)을 지시한다는 말이지, 날기를 제외한 보편양화를 말하는 것은 아니다.

양립불가능성 독해의 문제는 무엇인가? 사실 '~과 다르다'의 자연스러운 의미는 '~과 양립가능하지 않다'는 아니다. 양립불가능성 독해가 타당하려면, 우리는 엘레아의 손님 혹은 플라톤이 그리스어 'heteron'(영어로 'difference')을 줄곧 '다름'으로 뜻하다가 거짓 진술 논의 문맥에 들어와서는 '양립불가능'의 뜻으로 변경했다고 읽어야 한다. 하지만 이 변경을 확인해주는 텍스트

L. Brown, "The *Sophist* on Statements, Predication and Falsehood", in: *The Oxford Handbook of Plato*, G. Fine(ed.), Oxford 2011, pp.437~62.

증거는 없다.

플라톤이 사용하는 그리스 단어 'heteron'은 '다름'인가, 아니면 '양립불가능'인가? 비존재 문제 문맥 및 형상들의 결합 문맥을 구성하는 논의와 거짓 진술 문맥을 구성하는 논의는 하나로 이어지는가, 아니면 끊어지는가?

VI. 소크라테스

소크라테스가 등장인물로 나오는 모든 대화편은 소크라테스의 운명과 죽음에 관해 직간접적인 암시를 준다. 소크라테스가 토론을 이끄는 자가 아니라 앞에서 잠깐 나왔다가 사라지는—토론에서는 사라지지만 옆에서 듣고 있는—극중 역할로 한정되어 있어도 이 암시는 여전히 살아있다. 앞에서, 『테아이테토스』, 『에우튀프론』, 『소피스트』, 『정치가』, 『변명』이라는 다섯 개의 작품은 하나의 드라마 세트로 구상된 것으로 보인다고 이야기했다. 플라톤은 이 다섯 개의 작품들을 통해 기원전 399년 발생한 소크라테스의 죽음 사건을 하나의 드라마 세트로 재현하고자 원했던 것 같다. 이 드라마 세트의 서사를 이끌고 가는 모티브 질문은 두 개인데, 이 두 개는 서로 맞물려 있다. 하나는 인간 소크라테스는 누구인가 혹은 무엇인가라는 질문이고, 다른 하나는 이 기괴한(atopos) 인간을 아테네 대중 혹은 아테네 민주주의는 무엇으로 생각했는가라는 질문이다. 이 두 질문에 대한 답변의 후보는 셋인데, 이 셋은 '혹은'으로 연결된다: 철학자 혹은 소피스트 혹은 정치가.

소크라테스는 철학자이지만 소피스트로 묘사되기도 하고 사람들에 의해 그렇게 생각되기도 한다. 소크라테스는 불경한 자가 아님에도 불경한 자로 생각된다. 에우튀프론은 자신을 경건한 자로 의식하지만 그가 경건한 자인지는 의심스럽다. 소크라테스는 때로는 자기 자신을 진정한 정치가로 의식하며 또 그렇게 이야기한다.(『변명』 31c~d, 『고르기아스』 521d) 소크라테스의 고발자 멜레토스와 아뉘토스는 자기 자신을 정치가로 의식하지만 진정한 소피스트이거나 진정으로 질 낮은 소피스트이다.(『변명』 23e, 24b, 27a) 아테네 대중이 겪는 소크라테스의 정체성에 대한 혼란은 특정한 한 인간의 정체성에 관한 문제로부터 발생하지만, 이 혼란은 또한 종류로서의 철학자, 종류로서의 소피스트, 종류로서의 정치가 간의 구분 문제로부터도 발생한다. 더 정확히 말해, 철학자는 무엇인가 혹은 소피스트는 무엇인가 혹은 정치가는 무엇인가라는 질문에 답할 수 없는 무지가 소크라테스는 무엇인가라는 질문에 답할 수 없는 무지를 낳았을 것이다.

『소피스트』를 여는 첫 번째 질문은, 엘레아의 철학자가 생각할 때 종류로서의 철학자, 종류로서의 소피스트, 종류로서의 정치가가 구분되는가 그렇지 않은가가 아니다. 첫째 질문은, "그곳 사람들은" 이 세 개가 서로 다르다고 생각하는지 그렇지 않은지 여부에 관한 것이다.(217a~b) 그곳 엘레아 사람들은 헷갈리지 않지만 여기 아테네 사람들은 헷갈리고 있다. "이 사람들[=철학자들]은 때로는 정치가의 모습으로, 때로는 소피스트의 모습으로 나타납니다."(216d) 누구에게? 여기 아테네 대중에게!

드라마 세트의 제1부『테아이테토스』에도 이 구분 문제가 배경적 주제로 깔려 있다. 소크라테스는 테아이테토스와 나누는 대화 초반부에서, 배움의 과정은 지혜롭게 되는 과정과 동일하다는 전제로부터 앎과 지혜는 동일하다는 논점을 이끌어낸다.(『테아이테토스』 145d~e) 앎이 무엇인가 하는 문제는 결국 지혜가 무엇인가 하는 문제로 연결된다. 지혜가 무엇인가 하는 문제는 결국 지혜를 사랑하는 사람, 즉 철학자는 무엇인가 하는 문제로 귀착된다. 아닌 게 아니라『테아이테토스』161a에서부터 키워드 '지혜'는 다시 전면에 부각되고, 172c~77c의 옆길 이야기에서 철학자는 한편으로 정치가와 그리고 다른 한편으로는 소피스트적 수사가(修辭家)들과 대비된다.[20]

이제 던져야 할 질문은 이것이다. 엘레아의 손님은 혹은 플라톤은 철학자는 무엇인가 하는 문제에 관한 논의 실행을 약속했

20 이 관찰은 M. Frede, 1996, pp.147~8.

다가(『정치가』 257a~c) 왜 결국엔 실행하지 않았나? 종류로서의 철학자를 따로 다루는 그래서 소크라테스가 진정한 철학자임을 암시하는 텍스트를 플라톤은 왜 남기지 않았나? 시간이 없어서? 다른 집필 계획(『필레보스』, 『법률』?)에 쫓겨서? 생각이 정리가 안 되어서? 아마도.

그러나 의도적으로 안 남겼을 수도 있다.[21] 이 가능적 사변에 따르면, 『소피스트』에서 소피스트가 무엇인지가 다 드러났으면 철학자는 무엇인지는 다 드러난 셈이다. 『정치가』에서 정치가가 무엇인지가 다 드러났으면 철학자는 무엇인지는 다 드러난 셈이다. 그런데 『소피스트』에서 철학자를 드러내는 일은 좀 복잡하다. 소피스트가 무엇인지 하는 문제는, 정확히 분석하면, 소피스트는 무엇이 아닌가 하는 문제로 귀착된다. 『소피스트』에서 소피스트 규정은 철학자 규정의 부정으로 작동한다. 소피스트는 철학자로 보이는 현상이지만 철학자'이지 않은' 혹은 철학자와 '다른'(동일하지 않든지 혹은 양립불가능하든지 간에) 것이다. 역으로, 철학자는 소피스트로 보일 수는 있지만 소피스트'이지 않은' 혹은 소피스트와 '다른' 것이다. 이 사변은 그럴법한가? 플라톤은 철학자의 정체성 문제가 소피스트의 정체성 문제 안으로

21 이 주제에 관한 포괄적인 연구는 M. L. Gill, *Philosophos: Plato's Missing Dialogue*, Oxford, 2012.

다 끌어안을 수 있다고 생각했을까? 우리는 소피스트를 이해하면 곧 철학자를 이해한 것이 맞는가? 철학자의 정체성을 담는 말(logos)은 따로 존재하지 않는 것이 맞는가?

마지막 질문은 다음과 같다. 철학자는 소피스트로 보일 수 있다. 소크라테스가 그랬다. 그런데 좀 더 따져보자. 철학자는 소피스트로 보일 수 있는가, 아니면 소피스트로 보일 수밖에 없는가? 소크라테스는 소피스트로 보일 수 있는가, 아니면 소피스트로 보일 수밖에 없는가? 여섯 번째 소피스트 기술 규정, 즉 '분리 기술—정화 기술—영혼에서 무지를 정화하는 기술—기술 중에서도 교육(paideia)—논박(elenchus) 기술'(226a6~231b8)은 정확히 소크라테스를 묘사하는 것으로 보인다. 나아가 일곱 번째 규정의 주요 특징들—자신의 무지에 대한 두려움(268a), 위장(eirôneia, 268a), 공적 모임 아닌 사적 모임에서 긴 연설이 아닌 짧은 말(logoi)을 하기(268b), 대화자로부터 모순 끌어내기(268b)—도 정확히 소크라테스를 묘사하는 것으로 보인다. 크리스토퍼 테일러는 바로 이 점 때문에 플라톤이 비(非)소크라테스적 철학 개념을 기획하게 된다고 주장한다.[22] 테일러에 따르면, 소크라테스적 철학 관행은 소피스트 기술과 일련의 특징들을 공유한다.

22 C. C. W. Taylor, "Socrates the Sophist", in: R. L. Judson and V. Karasmanis (ed.), *Remembering Socrates*, 2006, Oxford, pp.157~68.

따라서 철학의 개념을 소크라테스적 철학하기 관행으로부터 떼어내지 못한다면 철학으로부터 소피스트 기술을 분리하려는 시도는 어렵다. 새로운 철학 개념의 핵심은 논박이나 모순 도출이 아니라 진정한 실재에 관한 전(全) 포괄적인 앎에 있다. 테일러가 옳다면 소크라테스적 철학 관행이 소피스트적 관행으로 보이는 것은 피할 수 없다. 기원전 399년 이전 시점의 철학자는, 이 철학자가 현상이 아니라 진짜라면, 아테네 대중에게 소피스트로 보일 수밖에 없다. 『변명』이 소크라테스를 위한 변론이라면 『소피스트』는 소크라테스를 처형한 아테네 대중을 위한 변론이다.

그러므로 마지막 질문은 결국 이렇게 확장된다. 철학자가 무엇인지에 관해 동시대 대중들이 가지는 오해는 필연적인가 아닌가? 동시대 대중들의 오해로부터 철학자는 벗어날 수 있는가 없는가?

참고문헌

1. 번역 및 주해

김태경. 2000. 『소피스테스』, 한길사.

Benardete, S. 1986. *Plato's Sophist*. Chicago : University of Chicago Press.

Bluck, R. S. 1975. *Plato's Sophist : A Commentary*. edited by C. N. Gordon. Manchester : Manchester University Press.

Brann, E. T. et alii. 1996. *Plato's Sophist : the Professor of Wisdom*. Focus Publishing, R. Pullins Company.

Campbell, L. 1867. *Sophistes and Politicus of Plato*, Oxford : Clarendon Press, 1867. Reprint, New York : Arno Press, 1973.

Cobb, W. S. 1990. *Plato's Sophist*. Rowman & Littlefield Publishers, United States of America.

Cornford, F. M. 1935. *Plato's Theory of Knowledge : The Theaetetus and the Sophist*. New York : Liberal Arts Press.

Duerlinger, J. 2005. *Plato's Sophist*. New York : Peter Lang.

Fowler, H. N. 1921. *Plato : Theaetetus and Sophist*. Vol. 7, Loeb Classical Library. Cambridge, MA : Harvard University Press. Reprint, Cambridge, MA : Harvard University Press, 1987.

Jowett, B. 1892. *Plato's Sophist, in The Dialouges of Plato*, 4th ed., revised by D. J. Allan and H. E. Dale. Oxford, 1953.

Rijk, L. M. 1986. *Plato's Sophist : A Philosophical Commentary*. Amsterdam : North-Holland Publishing Company.

Robin, L. 1950. *Le Sophise in Platon, Oeuvres Complètes*, Traduction Nouvelle et Notes. Paris : Bibliothèque de la Plèiade, Gallimard.

Schleiermacher, F. 1804~1810. *Sophistes in Platon : Sämtliche Werke*. Vol. 4, edited by O. Walter et al., Hamburg : Rowohlt (1958).

Wiehl, R. 1967. *Platon. Der Sophist. Auf der Grundlage der Übersetzung von Otto Apelt*. Philosophische Bibliothek, Band 265. Hamburg : Felix Meiner Verlag.

2. 단행본 연구서

Benardete, S. 1984. *The Being of the Beautiful : Plato's Theatetus, Sophist and Statesman*. Chicago : University of Chicago Press.

Crombie, I. M. 1963. *An Examination of Plato's Doctrines, II. Plato on Knowledge and Reality*. New York : Humanities Press.

Denyer, N. 1991. *Language, Thought and Falsehood in Ancient Greek philosophy*. London and New York : Routledge.

Detel, W. 1972. *Platons Beschreibung des falschen Satzes im Theätet und Sophistes*. Göttingen : Vandenhoeck und Ruprecht.

Diès, A. 1909. *Definition de l'être et nature des idées dans le Sophist de Platon*. 2nd ed. Paris : Vrin, 1963.

Frede, M. 1967. *Prädikation und Existenzaussage*. Hypomnemata, heft 18. Göttingen : Vandenhoeck & Ruprecht.

Gale, R. 1975. *Negation and Not-Being*. American Philosophical Quarterly Monograph Series 10. Oxford : Blackwell.

Gill, M. L. 2012. *Philosophos: Plato's Missing Dialogue*, Oxford.

Gulley, N. 1962. *Plato's Theory of Knowledge*. London.

Heidegger, M. 1924~25. *Platon : Sophistes, Gesamtansgabe*, Vol. 19, edited by Ingeborg Schüssler. Frankfurt : Vittorio Klostermann (1992).

Kahn, C. H. 1973. *The Verb "be" in Ancient Greek*. Dordrecht : Reidel.

Kamlah, W. 1963. *Platons Selbstkritik im Sophistes*. Zetemata, Heft 33, München.

Klein, J. 1977. *Plato's Trilogy : Theaetetus, The Sophist, and The Statesman*. Chicago : University of Chicago Press.

Marten, R. 1965. *Der Logos der Dialektik. Eine Theorie zu Platons Sophistes*. Berlin, Walter de Gruyter.

Matthews, G. 1972. *Plato's Epistemology and Related Logical Problems*. New York : Humanities Press (contains a translation of 232B-264B of the Sophist).

McCab, M. M. 1944. *Plato's Individuals. Princeton* : Princeton University Press.

Notomi, N. 1999. *The Unity of Plato's Sophist*, Cambridge.

Notomi, N. 2001. *The Unity of Plato's Sophist*. Cambridge : Cambridge University Press.

Patterson, R. 1985. *Image and Reality in Plato's Metaphysics*. Indianapolis : Hackett Publishing Company.

Pelletier, F. J. 1990. *Parmenides, Plato, and the Semantics of Not-Being*. Chicago : University of Chicago Press.

Ray, A. C. 1984. *For Images : An Interpretation of Plato's Sophist*. University Press of America.

Rosen, S. 1983. *Plato's Sophist : The Drama of the Original and Image*. New Haven : Yale University Press.

Ryle, G. 1966. *Plato's Progress*, Cambridge.

Sayre, K. 1983. *Plato's Late Ontology : A Riddle Resolved*. Princeton : Princeton University Press, Reprint with a new Introduction and Essay, Las, Vegas, NV : Parmenides Publishing, 2005.

Seligman, P. 1974. *Being and Not-Being : An Introduction to Plato's Sophist*. The Hague : Nijhoff.

Silverman, A. 2002. *The Dialectic of Essence : A Study of Plato's Metaphysics*. Princeton : Princeton University Press.

Stenzel, J. 1940. *Studien zur Entwicklung der platonishchen Dialecktik von Sokrates zu Aristoteles*, English translation by D. J. Allen: *Plato's Method of Dialectic*. Oxford : Oxford University Press, 1940.

Taylor, A. E. 1961. *Plato : The Sophist and the Statesman*. New York : Thomas Nelson and Sons, 1961.

Teloh, H. 1981. *The Development of Plato's Metaphysics*. University Park : Pennsylvania State University Press.

White, N. P. 1993. *Plato's Sophist*. Indianapolis : Hackett.

3. 논문

김태경. 2003.「플라톤의『소피스테스』편에서 변증술과 존재론」,《철학연구》 60 : pp.25~44.

양문흠. 1992.「소피스트편에서의 존재하는 것과 그렇지 않은 것을 구분하는 기준의 문제」,《철학연구회》 30 : pp.195~222.

오유석. 2005.「플라톤의『소피스테스』에서 비존재와 거짓진술의 문제」,《지중해지역연구》 7 : pp.173~205.

이창우. 1991.「플라톤의 소피스트편에서의 존재와 비존재」,《철학》 36 : pp.27~58.

최정식. 1996. 「『소피스트』편의 존재론적 성격」, 《서양고전학연구》 10 : pp.183~204.
최화. 2004. 「『소피스트』편의 완전한 존재」, 《철학연구》 64 : pp.95~113.
최화. 2004. 「최고류들의 관계. 『소피스트』 254b~258c」, 《서양고전학연구》 22 : pp.85~108.

Ackrill, J. L. 1955. "Symplokê eidôn", in *Bulletin of the Institute of Classical Studies of the University of London* 2, pp.31~35. Reprint, in *Plato I : Metaphysics and Epistemology*, edited by G. Vlastos, pp. 201~9. Garden City : Anchor Books, 1971.
Ackrill, J. L. 1957. "Plato and the Copula : *Sophist* 251~9", in *The Journal of Hellenic Studies* (1957). rep. in *Studies in Plato's Metaphysics*, edited by R. E. Allen, 207~18. London : Routledge and K. Paul, 1965.
Allen, R. E. 1965. "Participation and Predication in Plato's Middle Dialogues", in *Studies in Plato's Metaphysics*, edited by R. E. Allen (1965), pp.43~60.
Benardete, S. 1960. "Plato. *Sophist* 223b1~7", in *Phronesis* 5 : 129~39.
Berger, F. R. 1965. "Rest and Motion in the *Sophist*", in Phronesis 10 : 70~7.
Bostock, D. 1984. "Plato on 'is not'", in *Oxford Studies in Ancient Philosophy* 2 : 89~119.
Brown, L. 1986. "Being in the Sophist : A syntactical Enquiry", in *Oxford Studies in Ancient Philosophy* 4 : 49~70.
Brown, L. 2010. "Definition and Division in Plato's *Sophist*", in: D. Charles, *Definition in Greek Philosophy*, Oxford: 151~171.
Brown, L. 2011. "The *Sophist* on Statements, Predication and Falsehood", in: *The Oxford Handbook of Plato*, G. Fine(ed.), Oxford:

437~62.

Cherniss, H. F. 1944. *Aristotle's Criticism of Plato and the Academy*, Baltimore: 46ff.

Curd, P. K. 1988. "Parmenidean Clues in the Search for the *Sophist*", in *History of Philosophy Quarterly* 5 : 307~19.

Ferejohn, M. 1989. "Plato and Aristotle on negative Predication and Semantic Fragmentation", *Archiv für Geschichte der Philosophie*, v.71: 257~ 82.

Ferg, S. 1976. "Plato on False Statement : Relative Being, A Part of Being, and Not-being in the Sophist", in *Journal of the History of Philosophy* 14 : 336~42.

Flower, R. 1980. "G. E. L. Owen, Plato and the Verb 'To Be'", in *Apeiron* 14 : 87~95.

Frassen, B. C. van. 1969. "Logical Structure in Plato's *Sophist*", in *Review of Metaphysics* 22 : 482~98.

Frede, M. 1992. "Plato's *Sophist* on False Statements", in *The Cambridge Companion to Plato*, edited by R. Kraut. Cambridge : Cambridge University Press.

Frede, M. 1996, "The Literary From of the Sophist", in: Ch. Gill(ed.) *Form and Argument in Late Plato*, Oxford: 135~152.

Furth, M. 1968. "Elements of Eleatic Ontology", in *Journal of the History of Philosophy* 6 : 111~32. Reprint, *in The Presocratics*, edited by A. Mourelatos, pp.241~70. New York : Anchor Books, 1974.

Gomez-Lobo, A. 1977. "Plato's Description of dialectic in the *Sophist* 253d1~e2", in *Phronesis* 22 : 29~47.

Hackforth, R. 1945. "False Statement in Plato's *Sophist*", in *Classical Quarterly* 39 : 56~58.

Hamlyn, D. 1955. "The Communion of Forms and the Development of

Plato's Logic", in *Philosophical Quarterly* 5 : 289~302.

Heinaman, R. 1981. "Being in the *Sophist*", in *Archiv für Geschichte der Philosophie* 65 : 1~17.

Hestir, B. E. 2003. "A 'Conception' of Truth in Plato's *Sophist*", in *Journal of the History of Philosophy* 41 : 1~24.

Kerferd, G. B. 1954. "Plato's Noble Art of Sophistry", in *Classical Quarterly* 4 : 84~90.

Ketchum, R. 1978. "Participation and Predication in Sophist 251~60", in *Phronesis* 23 : 42~63.

Keyt, D. 1969. "Plato's Paradox that the Immutable is Unknowable", in *Philosophical Quarterly* 19 : 1~14.

Keyt, D. 1973. "Plato on Falsity : *Sophist* 263B", in *Exegesis and Argument*, edited by E. N. Lee et al., pp.285~305.

Kirwin, C. 1991. "Falsehood Unmasked", in *Phronesis* 36 : 319~27.

Kostman, J. 1973. "False Logos and Not-Being in Plato's *Sophist*", in *Patterns in Plato's Thought*, edited by J. Moravcsik, pp.192~212, Dordrecht : Reidel.

Krohs, U. 1998. "Platons Dialektik im '*Sophistes*' vor dem Hintergrund des '*Parmenides*'", in *Zeitschrift für Philosophische Forschung* 52 : 37~56.

Lachterman, D. R. 1979. "Klein, Jacob, *Plato's Trilogy : Theaetetus, The Sophist, and The Statesman*", in *Noûs* 13 : 106~12.

Lee, E. N. 1972. "Plato on Negation and Not-Being in the *Sophist*", in *Philosophical Review* 71 : 267~304.

Lewis, F. 1975. "Did Plato Discover the estin of Identity?", in *California Studies in Classical Antiquity* 8 : 113~143.

Lewis, F. 1976. "Plato on 'not'", in *California Studies in Classical Antiquity* 9 : 89~115.

Lorenz, K. and Mittelstrass, J. 1966. "Theatetus fliegt. Sophist 251D~263D", in *Archiv für Geschichte der Philosophie* 48 : 113~52.

Malcolm, J. 1967. "Plato's Analysis of to on and to mē on in the *Sophist*", in *Phronesis* 12 : 130~46.

Malcolm, J. 2006. "Some Cautionary Remarks on the 'Is'/'Teach' Analogy", *Oxford Studies in Ancient Philosophy*, v.31: 281~96.

Mates, B. 1979. "Identity and Predication in Plato", in *Phronesis*, pp. 211~29.

Matthen, M. 1983. "Greek Ontology and the 'is' of Truth", in *Phronesis* 28 : 113~35.

McDowell, J. 1982. "Falsehood and Not-Being in Plato's *Sophist*", in *Language and Logos. Studies*, edited by M. Schofield and M. Nussbaum, Cambridge : Cambridge University Press, pp.115~34.

Moravcsik, J. 1960. "*Symplokē eidōn* and the Genesis of *logos*", in *Archiv für Geschichte der Philosophie* 42 : 17~29.

Moravcsik, J. 1962. "Being and Meaning in the *Sophist*", in *Acta Philosophica Fennica* 14 : 23~78.

Moravcsik, J. M. E. 1973. "Plato's Method of Division", in: J. M. E. Moravcsik(ed.), *Patterns in Plato's Thought*, Dodrecht/Boston: 158~180.

Moravcsik, J. M. E. 1973. "The Anatomy of Plato's Divisions", in *Exegesis and Argument*, edited E. N. Lee et al., pp.324~48.

Moravcsik, J. 1976. "Critical Notice of P. Seligman, Being and Not-Being", in *Canadian Journal of Philosophy* 4 : 37~44.

Morgenstern, A. 2001. "Leaving the Verb 'To Be' Behind : An Alternative Reading of Plato's Sophist", in *Dionysius* 19 : 27~50.

Nehamas, A. 1982. "Participation and Predication in Plato's Later Thought", in *Review of Metaphysics* 36 : 343~74.

O'Rourke, F. 2003. "Plato's Approach to Being in the *Theaetetus* and *Sophist*, and Heidegger's Attribution of Aristotelian influence", in *Diotima* 31 : 47~58.

Owen, G. E. L. 1971. "Plato on Not-Being," in *Plato* I: *Metaphysics and Epistemology*, edited by G. Vlastos (1971), pp.223~67. Garden City : Anchor Books.

Peck, A. 1952. "Plato and the megista genē of the Sophist", in *Classical Quarterly* 2 : 32~56.

Peck, A. 1962. "Plato's Sophist: the symplokē tōn eidōn", in *Phronesis* 7 : 46~66.

Peck, A. 1962. "Plato versus Parmenides", in *Philosophical Review* 71 : 159~84.

Philip, J. 1968. "False Statement in the Sophistes", in *Transactions and Proceedings of the American Philosophical Society* 70 : 315~27.

Pippin, R. 1979. "Negation and Not Being in Wittgenstein's *Tractatus* and Plato's *Sophist*", in *Kant Studien* 70 : 179~96.

Prior, W. J. 1980. "Plato's Analysis of Being and Not-Being in the Sophist", in *Southern Journal of Philosophy* 18 : 199~211.

Robinson, D. B. 1999. "Textual Notes on Plato's Sophist", in *Classical Quarterly* 49 : 1.

Rudebusch, G. 1990. "Does Plato Think False Speech Is Speech?", in *Noûs* 24 : 599~609.

Sayre, K. 1970. "Falsehood, Forms and Participation in the Sophist", in *Noûs* 4 : 81~91.

Sayre, K. 1976. "Sophist 263B Revisited", in *Mind* 85 : 581~86.

Schipper, E. 1964. "The Meaning of Existence in Plato's Sophist", in *Phronesis* 9 : 38~44.

Taylor, C. C. W. 2006. "Socrates the Sophist", in: R. L. Judson and V.

Karasmanis(ed.), *Remembering Socrates*, Oxford: 157~68.

Trevaskis, J. R. 1955. "The Sophistry of Noble Lineage (Sophist 230a5~232b9)", in *Phronesis* I : 36~49.

Trevaskis, J. R. 1966. "The megista genē and the Vowel Analogy of Plato", in *Phronesis* 11 : 99~116.

Turnbull, R. 1964. "The Argument of the Sophist", in *Philosophical Quarterly* 14 : 23~34.

Van Eck, J. 1995. "Falsity without Negative Predication : On Sophistes 255e~263d", in *Phronesis* 40 : 20~47.

Vasiliu, A. 2001. "Dire l'image ou la parole visible chez Platon (sur le Sophiste, 216a~241e)", in *Dionysius* 19 : 75~112.

Vlastos, G. 1973. "An Ambiguity in the Sophist", in *Platonic Studies*, edited by G. Vlastos, Princeton : Princeton University Press, pp. 270~322.

Xenakis, J. 1959. "Plato's Sophist : a Defense of Negative Expressions and a Doctrine of Sense and of Truth", in *Phronesis* 4 : 29~43.

찾아보기

한국어 – 그리스어

그리스어 – 한국어

adianoêton 사유될 수 없는 것
alêthinon 참된 것
alogon 말이 안 되는 것
amathia 어리석음
amousos 교양을 결여한
antilogikon 반박
apeira 무한한 것들
archê 처음
aretê 탁월성/덕
arrêton 말할 수 없는 것

chreia 사용

dêlôma 지시
dialcktikĉ 변증술(辨證術)
dianoia 생각
diaphora 불일치
dikê 정의의 여신
diorisasthai 정의(定義)
doxa 믿음
doxastikê epistêmê 가짜 지식
doxomimêtikê 믿음에 의한 모사술
doxopaideutikê 가짜로 교육하는 기술
doxosophia 가짜 지혜
dynamis 능력/힘

eidos (eidê) 형상/종류
eidôlon 모상(模像)
eidôlopoiikê 모상(模像) 제작술
eikastikê 닮은꼴 제작술
eikon 닮은꼴
eirônikon 위장(僞裝)
elengchein 검토
eoikos 닮은 것
epikoinônein 서로 결합하다
epistêmê 앎
eristikon 쟁론적(爭論的)인 것

genê 유(類)들
genesis 생성
grammatikê 철자술

horos 표지

idea 모습/형상

katharmos 정화(淨化)
kineisthai 운동
ktêtikê 획득 기술

logos 말/진술/이성

metalambanein 나누어 가지다
metechein 나누어 가지다
metron 적도, 척도

mimêtikê 모방술
mythos 옛이야기

onoma 단어/이름
ousia 존재

paideia 교육
paidia 장난/유희
paradeigma 본보기/본/원본
pathos 겪음
peras 한계
phainesthai 나타나다
phantasia(phantasma) 나타나는 것/인상(印象)/유사 닮음/가상
phantastikê 유사 닮음 제작술
physis 자연
poiêtikê 만드는 기술
poios 속성

sêmeion 기호
sophistês 소피스트
sophos 현명한 자
stoicheia 요소들
symmeixis 섞임
symphyes 공통적인 본성
symplokê 꼬임/엮음

ta mêdamôs onta (그 어떤 점에서도) 있지 않은 것들

thaumatopoiikon 말로써 볼거리를 만드는 것
to on 존재
to pan 만물/모든 것들

zôê 삶

옮긴이의 말

2011년 이제이북스에서 출판된 『소피스트』가 8년이 지나 아카넷에서 거듭나게 되었다. 2011년 버전과의 큰 차이점은 「작품 해설」 혹은 「작품 안내」에 있다. 2011년 「작품 해설」은 부적절한 것으로 판단되어 버리고 다시 썼다. 『소피스트』의 주요 주제들을 둘러싼 해석과 쟁점을 소개하면서 질문을 던지는 형식으로 「작품 안내」를 구성했다. 그리고 없었던 등장인물 소개도 넣었다. 본문의 번역은 내용상 크게 바뀐 것은 없다. 대신 일독하면서 몇몇 논리적 오류와 오탈자를 바로잡았다. 이 과정에서 대학원생 문효진 양이 도움을 주었다. 「작품 안내」 초고는 정준영 선생님께서 읽고 몇 가지 제안을 주셨다. 이 지면을 빌려 정준영 선생님과 문효진 양에게 감사를 표한다.

사단법인 정암학당을 후원해 주시는 분들

정암학당의 연구와 역주서 발간 사업은 연구자들의 노력과 시민들의 귀한 뜻이 모여 이루어집니다. 학당의 모든 연구는 시민들의 자발적인 후원을 바탕으로 하기 때문입니다. 그 결실을 담은 '정암고전총서'는 연구자와 시민의 연대가 만들어 내는 고전 번역 운동의 산물이라고 할 수 있습니다. 이 같은 학술 운동의 역사적 의미를 기리고자 이 사업에 참여한 후원회원 한 분 한 분의 정성을 이 책에 기록합니다.

평생후원회원

Alexandros Kwanghae Park 강대진 강상진 강선자 강성훈 강순전 강승민
강창보 강철웅 고재희 공기석 권세혁 권연경 권장용 기종석 길명근
김경랑 김경현 김귀녀 김기영 김남두 김대오 김미성 김미옥 김상기
김상수 김상욱 김상현 김석언 김석준 김선희(58) 김성환 김숙자 김영균
김영순 김영일 김영찬 김옥경 김운찬 김유순 김 율 김은자 김은희
김인곤 김재홍 김정락 김정란 김정례 김정명 김정신 김주일 김지윤(양희)
김진성 김진식 김출곤 김태환 김 헌 김현래 김현주 김혜경 김혜자
김효미 류한형 문성민 문수영 문종철 박계형 박금순 박금옥 박명준
박병복 박복득 박상태 박선미 박세호 박승찬 박윤재 박정수 박정하
박종민 박종철 박진우 박창국 박태일 박현우 반채환 배인숙 백도형
백영경 변우희 서광복 서 명 서지민 설현석 성 염 성중모 손병석
손성석 손윤락 손효주 송경순 송대현 송성근 송순아 송유레 송정화
신성우 심재경 안성희 안 욱 안재원 안정옥 양문흠 양호영 엄윤경
여재훈 염수균 오서영 오지은 오흥식 유익재 유재민 유태권 유 혁
윤나다 윤신중 윤정혜 윤지숙 은규호 이광영 이기백 이기석 이기연
이기용 이두희 이명호 이무희 이미란 이민숙 이민정 이상구 이상원
이상익 이상인 이상희(69) 이상희(82) 이석호 이순이 이순정 이승재 이시연
이영원 이영호(48) 이영환 이옥심 이용구 이용술 이용재 이용철 이원제
이원혁 이유인 이은미 이임순 이재경 이정선(71) 이정선(75) 이정숙 이정식
이정호 이종환(71) 이종환(75) 이주형 이지민 이지수 이 진 이창우 이창연
이창원 이충원 이춘매 이태수 이태호 이필렬 이향섭 이향자 이황희
이현숙 이현임 임대윤 임보경 임성진 임연정 임창오 임환균 장경란
장동익 장미성 장영식 전국경 전병환 전헌상 전호근 정선빈 정세환
정순희 정연교 정 일 정정진 정제문 정준영(63) 정준영(64) 정해남 정흥교
정희영 조광제 조대호 조병훈 조익순 지도영 차경숙 차기태 차미영
채수환 최 미 최세용 최수영 최병철 최영임 최영환 최운규 최원배
최윤정(77) 최은영 최인규 최지호 최 화 표경태 풍광섭 하선규 하성권
한경자 한명희 허남진 허선순 허성도 허영현 허용우 허정환 허지현
홍섭의 홍순정 홍 훈 황규빈 황유리 황예림 황희철
가지런e류 교정치과 나와우리〈책방이음〉 도미니코 수도회 도바세
방송대문교소담터스터디 방송대영문과07 학번미아팀 법률사무소 큰숲

부북스출판사(신현부) 생각과느낌 정신건강의학과 이제이북스 카페 벨라온

개인 257, 단체 11, 총 268

후원위원

강성식 강용란 강진숙 강태형 고명선 곽삼근 곽성순 구미희 권영우
길양란 김경원 김나윤 김대권 김명희 김미란 김미선 김미향 김백현
김병연 김복희 김상봉 김성민 김성윤 김순희(1) 김승우 김양희 김애란
김연우 김영란 김용배 김윤선 김정현 김지수(62) 김진숙(72) 김현제 김형준
김형희 김희대 맹국재 문영희 박미라 박수영 박우진 박현주 백선옥
사공엽 서도식 성민주 손창인 손혜민 송민호 송봉근 송상호 송찬섭
신미경 신성은 신영옥 신재순 심명은 안희돈 양은경 오현주 오현주(62)
우현정 원해자 유미소 유형수 유효경 이경선 이경진 이명옥 이봉규
이봉철 이선순 이선희 이수민 이수은 이승목 이승준 이신자 이은수
이재환 이정민 이주완 이지희 이진희 이평순 이한주 임경미 임우식
장세백 장영재 전일순 정삼아 정은숙 정태흡 정현석 조동제 조명화
조문숙 조민아 조백현 조범규 조성덕 조정희 조준호 조진희 조태현
주은영 천병희 최광호 최세실리아 최승렬 최승아 최이담 최정옥
최효임 한대규 허 민 홍순혁 홍은규 홍정수 황정숙 황훈성
정암학당1년후원
문교경기〈처음처럼〉 문교수원3학년학생회 문교안양학생회
문교경기8대학생회 문교경기총동문회 문교대전충남학생회
문교베스트스터디 문교부산지역7기동문회 문교부산지역학우일동(2018)
문교안양학습관 문교인천동문회 문교인천지역학생회
방송대동아리〈아노도스〉 방송대동아리〈예사모〉 방송대동아리〈프로네시스〉
사가독서회

개인 125, 단체 16, 총 141

후원회원

강경훈 강경희 강규태 강보슬 강상훈 강선옥 강성만 강성심 강신은
강유선 강은미 강은정 강임향 강주완 강창조 강 항 강희석 고경효
고복미 고숙자 고승재 고창수 고효순 공경희 곽범환 곽수미 구본호
구익희 권 강 권동명 권미영 권성철 권순복 권순자 권오성 권오영
권용석 권원만 권정화 권해명 권혁민 김건아 김경미 김경원 김경화
김광석 김광성 김광택 김광호 김귀종 김길화 김나경(69) 김나경(71) 김남구
김대겸 김대영 김대훈 김동근 김동찬 김두훈 김 들 김래영 김명주(1)
김명주(2) 김명하 김명화 김명희(63) 김문성 김미경(61) 김미경(63) 김미숙 김미정
김미형 김민경 김민웅 김민주 김범석 김병수 김병옥 김보라미 김봉습
김비단결 김선규 김선민 김선희(66) 김성곤 김성기 김성은(1) 김성은(2) 김세은
김세원 김세진 김수진 김수환 김순금 김순옥 김순호 김순희(2) 김시인

김시형	김신태	김신판	김승원	김아영	김양식	김영선	김영숙(1)	김영숙(2)
김영애	김영준	김영효	김옥주	김용술	김용한	김용희	김유석	김은미
김은심	김은정	김은주	김은파	김인식	김인애	김인욱	김인자	김일학
김장생	김정식	김정현	김정현(96)	김정화	김정훈	김정희	김종태	김종호
김종희	김주미	김중우	김지수(2)	김지애	김지열	김지유	김지은	김진숙(71)
김진태	김철한	김태식	김태욱	김태훈	김태헌	김태희	김평화	김하윤
김한기	김현규	김현숙(61)	김현숙(72)	김현우	김현정	김현정(2)	김현중	김현철
김형규	김형전	김혜숙(53)	김혜숙(60)	김혜원	김혜정	김홍명	김홍일	김희경
김희성	김희정	김희준	나의열	나춘화	나혜연	남수빈	남영우	남원일
남지연	남진애	노마리아	노미경	노선이	노성숙	노채은	노혜경	도종관
도진경	도진해	류다현	류동춘	류미희	류시운	류연옥	류점용	류종덕
류지아	류진선	모영진	문경남	문상흠	문순혁	문영식	문정숙	문종선
문준혁	문찬혁	문행자	민 영	민용기	민중근	민해정	박경남	박경수
박경숙	박경애	박귀자	박규철	박다연	박대길	박동심	박명화	박문영
박문형	박미경	박미숙(67)	박미숙(71)	박미자	박미정	박믿음	박배민	박보경
박상선	박상윤	박상준	박선대	박선희	박성기	박소운	박수양	박순주
박순희	박승억	박연숙	박영찬	박영호	박옥선	박원대	박원자	박윤하
박재준	박정서	박정오	박정주	박정은	박정희	박종례	박주현	박주형
박준용	박준하	박지영(58)	박지영(73)	박지희(74)	박지희(98)	박진만	박진현	박진희
박찬수	박찬은	박춘례	박태안	박한종	박해윤	박헌민	박현숙	박현자
박현정	박현철	박형전	박혜숙	박홍기	박희열	반덕진	배기완	배수영
배영지	배제성	배효선	백기자	백선영	백수영	백승찬	백애숙	백현우
변은섭	봉성용	서강민	서경식	서근영	서동주	서두원	서민정	서범준
서봄이	서승일	서영식	서옥희	서용심	서월순	서정원	서지희	서창립
서회자	서희승	석현주	설진철	성윤수	성지영	소도영	소병문	소선자
손금성	손금화	손동철	손민석	손상현	손정수	손지아	손태현	손혜정
송금숙	송기섭	송명화	송미희	송복순	송석현	송연화	송염만	송요중
송원욱	송원희	송유철	송인애	송진우	송태욱	송효정	신경원	신기동
신명우	신민주	신성호	신영미	신용균	신정애	신지영	신혜경	심경옥
심복섭	심은미	심은애	심정숙	심준보	심희정	안건형	안경화	안미희
안숙현	안영숙	안정숙	안정순	안진구	안진숙	안화숙	안혜정	안희경
안희돈	양경엽	양미선	양병만	양선경	양세규	양예진	양지연	양현서
엄순영	오명순	오승연	오신명	오영수	오영순	오유석	오은영	오진세
오창진	오혁진	옥명희	온정민	왕현주	우남권	우 람	우병권	우은주
우지호	원만희	유두신	유미애	유성경	유승현	유정원	유 철	유향숙
유희선	윤경숙	윤경자	윤선애	윤수홍	윤여훈	윤영미	윤영선	윤영이
윤 옥	윤은경	윤재은	윤정만	윤혜영	윤혜진	이건호	이경남(1)	이경남(72)
이경미	이경아	이경옥	이경원	이경자	이경희	이관호	이광로	이광석
이군무	이궁훈	이권주	이나영	이다영	이덕제	이동래	이동조	이동춘
이명란	이명순	이미옥	이민희	이병태	이복희	이상규	이상래	이상봉

이상선 이상훈 이선민 이선이 이성은 이성준 이성호 이성훈 이성희
이세준 이소영 이소정 이수경 이수련 이숙희 이순옥 이승훈 이시현
이아람 이양미 이연희 이영민 이영숙 이영신 이영실 이영애 이영애(2)
이영철 이영호(43) 이옥경 이용숙 이용안 이용웅 이용찬 이용태 이원용
이윤주 이윤철 이은규 이은심 이은정 이은주 이이숙 이인순 이재현
이정빈 이정석 이정선(68) 이정애 이정임 이종남 이종민 이종복 이준호
이중근 이지석 이지현 이진아 이진우 이창용 이철주 이춘성 이태곤
이태목 이평식 이표순 이한솔 이현주(1) 이현주(2) 이현호 이혜영 이혜원
이호석 이호섭 이화선 이희숙 이희정 임미정 임석희 임솔내 임정환
임창근 임현찬 장모범 장선희 장시은 장영애 장오현 장재희 장지나
장지원(65) 장지원(78) 장지은 장철형 장태순 장해숙 장홍순 전경민 전다록
전미래 전병덕 전석빈 전영석 전우성 전우진 전종호 전진호 정경희
정계란 정금숙 정금연 정금이 정금자 정난진 정미경 정미숙 정미자
정상묵 정상준 정선빈 정세영 정아연 정양민 정양욱 정 연 정연화
정영목 정옥진 정용백 정우정 정유미 정은정 정일순 정재웅 정정녀
정지숙 정진화 정창화 정하갑 정은교 정해경 정현주 정현진 정호영
정환수 조권수 조길자 조덕근 조미선 조미숙 조병진 조성일 조성혁
조수연 조슬기 조영래 조영수 조영신 조영연 조영호 조예빈 조용수
조용준 조윤정 조은진 조정란 조정미 조정옥 조증윤 조창호 조황호
주봉희 주연옥 주은빈 지정훈 진동성 차문송 차상민 차혜진 채장열
천동환 천명옥 최경식 최명자 최미경 최보근 최석묵 최선희 최성준
최수현 최숙현 최연우 최영란 최영순 최영식 최영아 최원옥 최유숙
최유진 최윤정(66) 최은경 최일우 최자련 최재식 최재원 최재혁 최정욱
최정호 최정환 최종희 최준원 최지연 최진욱 최혁규 최현숙 최혜정
하승연 하혜용 한미영 한생곤 한선미 한연숙 한옥희 한윤주 한호경
함귀선 허미정 허성준 허 양 허 웅 허인자 허정우 홍경란 홍기표
홍병식 홍성경 홍성규 홍성은 홍영환 홍은영 홍의중 홍지흔 황경민
황광현 황미영 황미옥 황선영 황신해 황은주 황재규 황정희 황주영
황현숙 황혜성 황희수 kai1100 익명

리테라 주식회사
문교강원동문회
문교강원학생회
문교경기〈문사모〉
문교경기동문〈문사모〉
문교서울총동문회
문교원주학생회
문교잠실송파스터디
문교인천졸업생
문교전국총동문회
문교졸업생
문교8대전국총학생회
문교11대서울학생회
문교K2스터디
서울대학교 철학과 학생회
(주)아트앤스터디
영일통운(주)
장승포중앙서점(김강후)
책바람

개인 716, 단체 19, 총 735

2023년 6월 1일 현재, 1,098분과 46개의 단체(총 1,144)가 정암학당을 후원해 주고 계십니다.

옮긴이

이창우

서울대학교 철학과를 졸업하고 같은 대학교 대학원에서 석사학위를 받았다. 독일 하이델베르크 대학을 거쳐 에를랑겐-뉘른베르크 대학에서 박사학위를 취득했다. 2006~7년 미국 애리조나 주립대학 교환교수를 지냈으며, 1999년부터 가톨릭대학교 철학과 교수로 재직하고 있다. 지은 책으로 *Oikeiosis: Stoische Ethik in naturphilosophischer Perspektive*(2002, Karl Alber: Munich), 『서양의 고전을 읽는다 1: 인문 · 자연 편』(공저, 2006), 『동서양 철학콘서트: 서양철학 편』(공저, 2011), 『인생교과서 아리스토텔레스』(공저, 2016)가 있으며, 옮긴 책으로 『니코마코스 윤리학』(공역, 2012 개정판), 『플라톤 법률 1, 2』(공역, 2018)가 있다.

정암고전총서는 정암학당과 아카넷이 공동으로 펼치는 고전 번역 사업입니다.
고전의 지혜를 공유하여 현재를 비판하고 미래를 내다보는 안목을 키우는
문화적 기반을 마련하고자 합니다.

정암고전총서 플라톤 전집

소피스트

1판 1쇄 펴냄 2019년 9월 4일
1판 2쇄 펴냄 2023년 9월 25일

지은이 플라톤
옮긴이 이창우
펴낸이 김정호
펴낸곳 아카넷

출판등록 2000년 1월 24일(제406-2000-000012호)
주소 10881 경기도 파주시 회동길 445-3 2층
전화 031-955-9511(편집) · 031-955-9514(주문)
팩스 031-955-9519
www.acanet.co.kr

Printed in Paju, Korea.

ISBN 978-89-5733-643-4 94160
ISBN 978-89-5733-634-2 (세트)